Impressum

1. Auflage 2022 / Heinz Imhof 2022 / Berlin

Texte, Rezepte, Fotos: Heinz Imhof
Gestaltung und Satz: Dietmar Stielau
Covergestaltung: Bernd Reznicek
Lektorat: Antje Naumann

ISBN: 978-3-9823951-0-4

Independently published

50 internationale Rezepte
von classic, hot, sweet bis vegan

Inhalt

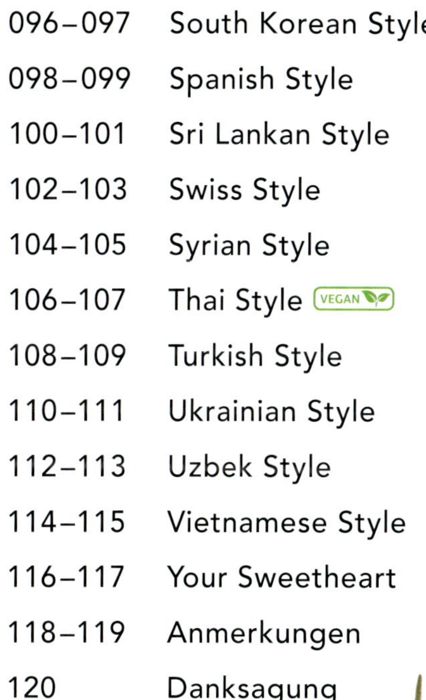

Vorwort

Liebe Currywurst-Fans,

als Wahlberliner ist mir die Currywurst ans Herz gewachsen und zu einer meiner Lieblingsspeisen geworden. An den Currywurst-Buden, In-Ständen und in den Hip-Restaurants trifft man zu jeder Tages- und Nachtzeit Freunde und Bekannte, die nicht auf sie verzichten können und wollen. Egal ob auf Partys, bei festlichen Galas, in Markthallen oder als Street Food, nirgends darf sie fehlen. Mal feurig, mal lieblich oder super scharf – jeder Gourmet und Gourmand findet seine Geschmacksrichtung.

Auf jeden Fall wird die viel gerühmte Wurst vom heimischen und internationalen Publikum gleichermaßen geliebt. Tom Hanks zählt wohl zu den prominentesten Fans des „famous Berlin fast food with flair“, das längst den Sprung über den großen Teich geschafft hat und inzwischen auf fast allen Kontinenten zu Hause ist.

Die über Jahrhunderte gewachsene Berliner Multi-Kulti-Gesellschaft ist an Vielfalt kaum zu überbieten und gleichzeitig eine unglaubliche kulinarische Bereicherung für den grandios gewachsenen Stadtstaat. Nicht umsonst lieben es die Menschen, in dieser internationalen Stadt zu leben, lieben, arbeiten, studieren und … zu genießen.

Dies hat mich letztendlich dazu inspiriert, im Schmelztiegel der Kulturen dieses Buch zu schreiben, zu kochen und zu fotografieren. Gehen Sie mit mir auf eine kulinarische Currywurst-Reise durch die Nationen, entdecken Sie spannende Kreationen und überraschen Sie Ihre Gäste mit einer crazy Multi-Kulti-Currywurst.

Einfache Rezepte, schnell nachgekocht, originell serviert.

Mit herzlichen Multi-Kulti-Grüßen
Ihr Heinz Imhof

Was ist eigentlich Curry?

Heutzutage ist Curry etwas ganz Selbstverständliches und weltweit aus keiner Küche mehr wegzudenken. Rund um den Globus wird Curry gemischt und verarbeitet. Eine Gewürz-Erfolgsgeschichte, die international ihresgleichen sucht.

Oft wird angenommen, dass Curry von den Blättern des indischen Currybaums oder dem italienischen Currykraut stammt. In Wirklichkeit hat das alles nichts mit Curry zu tun. Curry kommt eigentlich aus dem indischen „Kari". Hierbei handelt es sich um Gerichte mit vielen Gewürzen, Samen und Kräutern, die vor allem mit Reis, Wurzeln und Gemüse gekocht werden.

Durch die britische Kolonialisierung wurde aus dem „Kari" der Einfachheit halber eine „Curry"-Gewürzmischung in Pulverform, die man gut transportieren und lagern konnte. So ging dieses scharf-pikante Pulver über die Jahrhunderte auf seine Weltreise und eroberte nicht nur die Herzen der Currywurst-Fans.

„Curry" gibt es heute in hunderten Varianten, in Pulver- oder Pastenform. Jede Mischung, sei es eine ländertypische, regionale oder ganz persönliche, hat ihren ganz eigenen Geschmack, ihre eigene Schärfe und ihren speziellen Charakter.

Eine Currymischung kann aus 10 oder bis zu 50 Gewürzen bestehen. Von lieblich über würzig bis scharf ist alles möglich.

Die Zutaten können Sie in einem Mörser zerstoßen oder in einem stabilen Mixer mixen, bis sie pulverig fein sind. Alternativ können Sie auch eine Paste herstellen. Probieren Sie es einfach mal aus und mischen Sie Ihren ganz persönlichen Lieblingscurry zusammen.

Currysorten – Pulver oder Paste

Curry kann man relativ einfach in verschiedenen Varianten herstellen. Jede Mischung ist ein neues Geschmackserlebnis und bietet eine willkommene Abwechslung, wie die Würze des Lebens. Wichtig dabei ist die erste Entscheidung: Möchten Sie ein Pulver oder lieber eine Paste?

Pulver

Für die Herstellung von Pulver müssen alle Zutaten sehr trocken sein. Nur dann kann man sie richtig pulverisieren und eine längere Haltbarkeit erreichen. Generell werden die Zutaten in einem Mörser zu feinem Pulver gestoßen. Alternativ können Sie auch einen stabilen Mixer oder eine elektrische Kaffeemühle dafür nutzen. Doch Vorsicht, der Kaffee den Sie danach mahlen, könnte eine leichte Gewürznote haben ...

Paste

Bei der Paste werden auch frische Chili, Kräuter wie Koriander, Kaffirlimettenblätter, Galgant, Ingwer, Knoblauch, Schalotten, Süßholzwurzel und/oder Mango verwendet. Beim Mixen gibt man etwas Öl dazu, damit alles etwas geschmeidiger wird und besser bindet.

Zutaten

Hier nun ein paar Zutaten, die bei einem guten Curry nicht fehlen sollten: Chilischoten, Kardamom, Basilikum, Paprika, Zimt, Fenchel, Nelke, Muskatnuss, Muskatblüte, Cayenne, Schalotten, Zwiebel, Knoblauch, Bockshornklee, Zitronengras, Galgant, Ingwer, Kaffirlimette, Korianderpulver, Kreuzkümmel, Koriander, schwarzer und weißer Pfeffer und noch Einiges mehr.

Farbe

Für einen gelben Curry nimmt man einfach mehr Kurkuma, für einen grünen mehr Kräuter, für einen roten mehr Chili und Paprika und für einen süßen mehr Süßholzwurzel und Mango.

Rote Curry-
paste
Rotes Curry-
pulver
Gelbes
Currypulver
Selbst gemachtes
Currypulver
Grüne
Currypaste
Gelbe
Currypaste
Grünes
Currypulver

Wichtige Kräuter

01. **Basilikum** gibt es in vielen Formen. Er hat ovale grüne Blätter, ist sehr aromatisch und auch als „Königliches Kraut" bekannt.

02. **Blattpetersilie** ist intensiver als die Krause Petersilie und deshalb auch aromatischer. Auch die Wurzel kann man sehr gut als Gemüse verwenden.

03. **Dill** ist ein sehr zartes, feines Kraut, das einen intensiven Anis-Kümmel-Geschmack hat. Den Dill sollte man erst unmittelbar vor dem Servieren beifügen.

04. **Estragon** hat schmale, lange grüne Blätter mit einem leicht säuerlichen Geschmack. Das Kraut wächst staudenartig und hat ein kräftiges Aroma.

05. **Koriander** hat dünne grüne Blätter und einen grasigen, pfefferigen Zitrusgeschmack, ist sehr aromatisch und leicht scharf.

06. **Pfefferminze** hat einen sehr intensiven, frischen Geruch und Geschmack. Sie wirkt kühlend und besitzt zahlreiche ätherische Öle.

07. **Rosmarin** riecht etwas harzig und hat ebenfalls viele ätherische Öle. Dem Kraut werden die unterschiedlichsten Heilkräfte nachgesagt – bis hin zur Liebeskraft.

08. **Thymian** hat kleine dunkelgrüne Blätter und ein intensives Aroma. Es gibt viele Varianten von Zitronen- über Orangen- bis hin zum Kümmelthymian.

01.
02.
03.
04.
05.
06.
07.
08.

Essenzielle Gewürze

01. **Bockshornklee** ist süßlich, blumig, fast karamellig und erinnert an Nelken.

02. **Chili** hat ein sehr scharfes, pfefferiges, leichtes Orangenaroma. Je kleiner, desto schärfer.

03. **Fenchelsamen** sind leicht süßlich und haben einen kümmel- und anisartigen Geschmack.

04. **Gewürznelke** hat einen leicht holzigen, süßlichen Geschmack.

05. **Ingwer** hat eine besondere, zitronenartige, holzige Schärfe mit pfefferigem Blütengeschmack.

06. **Rosa Beeren** sind keine Pfefferkörner, sie haben ein mildes, terpentin-zitrusartiges Aroma und sind leicht bitter-süß.

07. **Knoblauch** mit dem strengen, lauchartigen Geschmack hat auch eine leicht würzige Süße.

08. **Koriander** hat einen lemon- und blumenartigen Geschmack und erinnert an Tannenspitzen.

09. **Kreuzkümmel** schmeckt süßlich, leicht scharf und marzipanartig.

10. **Kurkuma** ist leicht bitter-scharf, sehr gelb und hat einen Zitrus-Ingwer-Geschmack.

11. **Lorbeer** gibt ein kräftig-würziges Aroma und ist trotzdem leicht süß-sauer-blumig.

12. **Muskatblüte** ist der Nussmantel und hat einen feinen, milden, pilzartigen Geschmack.

13. **Kardamom** mit dem blumigen, tannen- und minzartigen Aroma erinnert etwas an Eukalyptus.

14. **Muskatnuss** ist harzig und hat ein süßliches, anisartiges Aroma.

15. **Pfefferkörner** – die bekanntesten sind schwarz (aromatisch), weiß (scharf) und grün (mild).

16. **Rosenpaprika** ist beliebt wegen seiner süßlich-aromatischen Schärfe und der kräftigen Farbe.

17. **Zimt** hat einen blumigen, nussigen und zitronenartigen Geschmack mit leichter Süße.

18. **Sternanis** hat einen würzig-süßlichen Eukalyptus-Charakter mit einer frischen und leicht holzigen Schärfe.

01.
02.
03.
04.
05.
06.
07.
08.
09.
10.
11.
12.
13.
14.
15.
16.
17.
18.

Curry selber machen

Zutaten für ca. 270 g Curry:

40 g	frischer Knoblauch, geschält
25 g	frischer Ingwer, geschält
2 g	abgeriebene Limonenschale
1	Zimtstange (3 g)
5 g	Muskatblüte
2 g	Kardamom ohne Schale
3 g	Fenchelsaat
5 g	Kreuzkümmel
5 g	Gewürznelken
5 g	getrocknete Chilischoten
5 g	schwarze Pfefferkörner
2 g	Lorbeerblätter
5 g	Korianderkörner
20 g	Bockshornkleesaat
10 g	gefriergetrocknete Petersilie
90 g	Kurkumapulver
15 g	edelsüßes Paprikapulver
1 El	Meersalz

Zubereitung:

1. Den Knoblauch und den Ingwer klein schneiden und mit dem Abgeriebenen der Limone im Ofen für ca. 5 Std. bei 80 °C in einer Pfanne trocknen.
2. Im Anschluss Zimtstange, Muskatblüte, Kardamom, Fenchelsaat, Kreuzkümmel, Gewürznelke, Chilischoten, Pfefferkörner, Lorbeerblätter, Korianderkörner und Bockshornkleesaat dazugeben und im Ofen bei 150 °C nochmals 10 Min. trocknen lassen.
3. Danach lässt man alles auskühlen, gibt die Zutaten und die Petersilie in einen Mörser und stößt alles, bis es fein ist. Noch besser mixt man es in einem Mixer. Eine Kaffeemühle eignet sich auch perfekt dafür, um alles zu Pulver zu mahlen. Dann Kurkuma, Paprika und Meersalz dazugeben und gut vermischen oder nochmals mixen.
4. Das Currypulver für die Haltbarkeit in Gläser mit Schraubverschluss abfüllen.

Classic Style

Das Original

Zutaten (für 4 Personen):

2 St.	Chilischoten
150 g	gehackte Zwiebel
2 St.	gehackte Knoblauchzehen
20 ml	Olivenöl
2 El	gehacktes Basilikum, Rosmarin, Thymian
400 g	frische Fleischtomaten
3 El	Indisches Currypulver
1 El	Apfelessig
150 ml	Rotwein
1 El	Honig
1 Tl	Meersalz
1 El	Worcester Sauce
1 El	Sojasoße
300 g	Ketchup
1 Tl	Mondamin
50 ml	Rotwein
8 St.	Bratwürste mit Darm
30 ml	Sonnenblumenöl
	schwarzer Pfeffer aus der Mühle

Zubereitung:

1. Die Chilischoten waschen, putzen, entkernen, kleinschneiden und mit den gehackten Zwiebeln und dem Knoblauch in einem Topf mit dem Olivenöl 2 Min. anschwitzen. Kräuter dazugeben.
2. Die Fleischtomate waschen, den Strunk entfernen und achteln. In den Topf geben und das Ganze nochmals 4 Min. anschwitzen.
3. Das Currypulver dazugeben und mit Apfelessig und Rotwein ablöschen. 2 Min. kochen lassen und mit Honig, Meersalz, schwarzem Pfeffer, Worcester Sauce und Sojasoße würzen.
4. Nochmals 20 Min. einkochen lassen. Ketchup beigeben, das Mondamin mit dem Rotwein verrühren und in die Soße rühren. Aufkochen lassen, mixen und durch ein Sieb passieren.
5. Die Bratwürste in einer Pfanne mit Sonnenblumenöl auf allen Seiten ca. 6 Min. anbraten. In Scheiben schneiden, anrichten und die Soße darübergeben.
6. Mit Kräutern und Chili garnieren. Am Schluss mit Curry bestreuen.

Dazu passen am besten eine Berliner Schrippe und ein Berliner Pils.

American Style

Sellerie trifft Ananas

Zutaten (für 4 Personen):

½ St.	Staudensellerie
50 g	gehackte Zwiebeln
10 g	gehackter Knoblauch
20 g	gehackter Ingwer
20 ml	Sonnenblumenöl
150 ml	passierte Tomaten
250 ml	Rotwein
150 ml	Brühe
15 g	rote Currypaste
½ Tl	Zimtpulver
2 Tl	Mondamin
2 Tl	Honig
½ Tl	Meersalz
200 g	Ananasstücke
4 St.	Rinderbratwürste
10 ml	Sonnenblumenöl
	Staudenselleriеblätter zum Garnieren
	schwarzer Pfeffer aus der Mühle

Dazu schmecken am besten süße Kartoffel-Fritten und ein Ice Tea.

Zubereitung:

1. Den Staudensellerie waschen, putzen und die untere Hälfte in Scheiben schneiden. Den grünen Teil in kleine Stücke schneiden für die Soße. Die Blätter für die Garnitur beiseitelegen.
2. Zwiebeln, Knoblauch, Ingwer und Staudenselleriescheiben mit Sonnenblumenöl kurz anschwitzen, die passierten Tomaten, 200 ml Rotwein, Brühe, rote Currypaste, Zimt und Honig dazugeben und verrühren.
3. Das Mondamin mit 50 ml Rotwein verrühren und in die Soße rühren. 20 Min. kochen lassen und durch ein Sieb passieren. Mit Meersalz und Pfeffer abschmecken.
4. Die Staudenselleriestücke dazugeben und 1 Min. kochen lassen. Die Ananasstücke darin erwärmen.
5. Die Rinderbratwürste längs halbieren, mit Sonnenblumenöl einstreichen und 6 Min. auf beiden Seiten braun grillen.
6. Die Würste mit der Soße anrichten und mit den Staudenselleriеblättern garnieren.

Argentinian Style

Feuriger Feger mit Kräuternote

Zutaten (für 4 Personen):

1 St.	Frühlingszwiebel
50 g	Speckscheiben
50 g	gehackte Zwiebeln
10 g	gehackter Knoblauch
2 El	gehackter Thymian & Rosmarin
2 El	Olivenöl
20 g	rote Currypaste
200 ml	passierte Tomaten
250 ml	Kokosmilch
150 g	gekochte weiße Bohnen
½ Tl	Meersalz
2 St.	gelbe Paprika
4 St.	Rinderbratwürste
10 ml	Sonnenblumenöl
4	Rosmarinzweige
4	Thymianzweige
	schwarzer Pfeffer aus der Mühle

Dazu empfehle ich argentinisches Gewürzbrot und einen Mate-Tee.

Zubereitung:

1. Die Frühlingszwiebel waschen, putzen und das Grüne in feine Scheiben schneiden. Beiseite stellen für die Garnitur, und das Weiße feinhacken. Die Speckscheiben in kleine Würfel schneiden, mit den Zwiebeln, dem Knoblauch und den Kräutern in Olivenöl anschwitzen.
2. Die Currypaste beifügen und mit den passierten Tomaten und der Kokosmilch 10 Min. einkochen lassen. Fein mixen und durch ein Sieb passieren. Die gekochten weißen Bohnen dazugeben, nochmals 5 Min. kochen lassen und mit Meersalz und Pfeffer würzen.
3. Die Paprika waschen, Strunk entfernen, halbieren, entkernen und in 3-cm-Stücke schneiden.
4. Die Rinderbratwürste in 2-cm-Stücke schneiden, abwechselnd mit der Paprika auf Spieße stecken, mit Sonnenblumenöl einreiben und für 6 Min. auf allen Seiten grillen.
5. Den Spieß mit der Curry-Bohnensoße anrichten und mit den Frühlingszwiebeln und Kräutern garnieren.

Australian Style

In zarten Blätterteig gehüllt

Zutaten (für 4 Personen):

200 g Blätterteig
2 El Mehl
1 St. Eigelb
4 St. Bratwürste ohne Darm
1 El Kokosöl
50 g Feigensenf
10 g Kokosnussflocken
50 g feine Zwiebelwürfel
10 g gehackter Knoblauch
2 El Kokosöl
15 g rote Currypaste
300 ml Kokosmilch
40 ml Hoisin-Soße[1]
½ Tl Meersalz
2 St. Feigen
2 El gehacktes Thai-Basilikum
Thai-Basilikumblätter zum Garnieren
schwarzer Pfeffer aus der Mühle

Reichen Sie dazu eine Passionsfrüchte-Limonade.

Zubereitung:

1. Den Blätterteig quadratisch, dünn ausrollen, in 4 gleich große Teile im Kreuz schneiden. Die Bratwürste in einer Pfanne mit Kokosöl kurz anbraten und auskühlen lassen. Dann mit dem Feigensenf einreiben und mit den Kokosflocken bestreuen. Den Blätterteig dünn ausrollen und die Würste damit einschlagen.
2. In der Mitte ein Loch stechen, damit die Hitze ausdünsten kann. Das Eigelb zerschlagen und die Blätterteigwurst einstreichen. Auf einem Backpapier bei 180 °C für 20 Min. hellbraun backen.
3. Die Zwiebel und Knoblauchwürfel mit dem Kokosöl anschwitzen, die Currypaste dazugeben und mit der Kokosmilch und der Hoisin-Soße für 10 Min. kochen lassen. Durch ein Sieb passieren, das gehackte Thai-Basilikum daruntergeben und mit Meersalz und Pfeffer abschmecken.
4. Die Feigen waschen, in Spalten schneiden und erwärmen. Die gebackenen Würste in Stücke schneiden, mit der Soße und den Feigenspalten anrichten und mit dem Thai-Basilikum garnieren.

Austrian Style

Pilz in adeliger Gesellschaft

Zutaten (für 4 Personen):

2 El gehackte Blattpetersilie,Thymian, Rosmarin
250 g Steinpilze
200 g Semmelpilze
2 St. gehackte Knoblauchzehen
1 kl. gehackte Zwiebel
2 El Olivenöl
150 ml Rotwein
200 ml passierte Tomaten
15 g grüne Currypaste
1 Tl Mondamin
50 ml Rotwein
½ Tl Meersalz
¼ Tl gemahlener Kümmel
150 ml Sahne
1 Tl Kürbiskernöl
4 St. Bratwürste
1 El Olivenöl
schwarzer Pfeffer aus der Mühle

Zubereitung:

1. Die Pilze putzen, waschen, abtrocknen und je nach Pilz in Stücke schneiden.
2. Die Pilze in einer Stielkasserolle mit dem Olivenöl heiß anbraten und in einem Sieb abtropfen lassen. Den Fond für die Soße verwenden.
3. Knoblauch und Zwiebeln in einem Topf mit Olivenöl anschwitzen und mit Rotwein ablöschen. Den Pilzfond dazugeben und zur Hälfte einkochen lassen.
4. Die passierten Tomaten beifügen, mit Curry, Meersalz, Kümmel und schwarzem Pfeffer würzen. Das Mondamin mit dem Rotwein verrühren und die Soße damit abbinden. Sahne beifügen und 3 Min. kochen lassen. Kürbiskernöl dazugeben, fein mixen und die Pilze und Kräuter dazugeben.
5. Die Bratwürste mit Olivenöl ca. 6 Min. anbraten, in Scheiben schneiden und mit den Pilzen anrichten. Zum Abschluss mit Kräutern garnieren.

Damit harmonieren am besten eine Kaisersemmel und ein Glas Zweigelt.

Beelitz Style

Königliches Gemüse in süßer Versuchung

Zutaten (für 4 Personen):

200 g	Erdbeeren
35 g	gehackte Schalotten
1 St.	gehackte Knoblauchzehe
1 El	Olivenöl
20 g	rote Currypaste
100 ml	Weißwein
400 ml	Kokosmilch
2 Tl	Honig
½ Tl	Meersalz
4 St.	Bratwürste ohne Darm
2 El	Olivenöl
8 St.	geschälte Spargelstangen
6 g	geschnittener Schnittlauch
24 St.	Schnittlauchstangen à 4 cm
	Pfeffer aus der Mühle

Servieren Sie dazu am besten kleine „Neue Kartoffeln“ und ein Glas Weißburgunder.

Zubereitung:

1. Die Erdbeeren waschen, putzen, halbieren, trocken tupfen und beiseitestellen.
2. Die Schalotten und den Knoblauch in einer kleinen Kasserolle mit Olivenöl anschwitzen, Currypaste dazugeben und mit Weißwein ablöschen. Zur Hälfte einkochen lassen, die Kokosmilch und den Honig beifügen. Nochmals zur Hälfte einkochen und mit Meersalz und Pfeffer würzen.
3. Die Bratwürste in einer Pfanne mit Olivenöl auf allen Seiten ca. 6 Minuten anbraten, herausnehmen und warmstellen.
4. Die Spargelstangen in der Pfanne 4 min auf allen Seiten anbraten und dann die Würste und den Spargel in Stücke schneiden.
5. Die Erdbeeren und den Schnittlauch in die Soße geben und erwärmen. Mit dem Spargel und der Bratwurst auf einem Teller anrichten und mit den Schnittlauchstangen garnieren.

Black Forest Style

Chanterelle meets blueberry in red wine sauce

Zutaten (für 4 Personen):

200 g	Pfifferlinge
120 g	Heidelbeeren
4	geräucherte Speckscheiben
1 St.	gehackte Knoblauchzehe
40 g	gehackte Schalotten
20 ml	Olivenöl
100 ml	Rotwein
150 ml	passierte Tomaten
150 ml	Brühe
5 g	Currypulver
20 g	Butter
2 g	Meersalz
1 g	schwarzer Pfeffer aus der Mühle
5 g	gehackte Blattpetersilie
4 St.	Bratwürste mit Darm
20 g	Olivenöl

Meine Empfehlung dazu: geschabte Spätzle und ein Glas Spätburgunder.

Zubereitung:

1. Die Pfifferlinge putzen, waschen und abtrocknen. Die Heidelbeeren waschen und abtrocknen. 4 Speckscheiben auf ein Backpapier legen, im Ofen ca. 12 Min. bei 200 °C backen. Die Scheiben halbieren.
2. Den Knoblauch und die Schalotten mit Olivenöl kurz anschwitzen und mit Rotwein ablöschen. Die Brühe, die passierten Tomaten und den Curry dazugeben. 5 Min. einkochen lassen, fein mixen und durch ein Sieb passieren. Die Butter darunterrühren und noch einmal mit Meersalz und Pfeffer abschmecken.
3. Die Pfifferlinge in heißem Olivenöl kurz sautieren, mit den Heidelbeeren und der Petersilie in die Soße geben.
4. Die Bratwürste in einer Pfanne mit Olivenöl auf beiden Seiten ca. 6 Min. anbraten. In Scheiben schneiden, anrichten und die Soße dazugeben.
5. Mit Blattpetersilie und dem Speck garnieren.

Brazilian Style

Palmherz und Kokosnuss

Zutaten (für 4 Personen):

3 St.	Tomaten
1 St.	rote Paprika
1 St.	Chilischote
1 kl.	gehackte Zwiebel
2 St.	gehackte Knoblauchzehen
1 El	Kokosnussöl
100 ml	passierte Tomaten
300 ml	Kokosnusscreme
½ Tl	Kreuzkümmelpulver
6 g	Currypulver
½ Tl	Meersalz
2 St.	eingelegte Palmherzen
4 St.	Kalbsbratwürste ohne Darm
1 El	Kokosnussöl
1 kl.	Bund Koriander
	schwarzer Pfeffer aus der Mühle

Zubereitung:

1. Die Tomaten, Paprika und Chilischote waschen, putzen, Strunke entfernen, halbieren und entkernen. Die Tomaten und Paprika in 1-cm-Würfel schneiden. Die Chilischoten feinhacken.
2. Die Zwiebeln und den Knoblauch in Kokosnussöl anschwitzen, Chili und Paprika dazugeben und für 2 Min. dünsten. Passierte Tomaten, Kokoscreme, Kreuzkümmel und Curry hinzufügen, nochmals 5 Min. kochen lassen und mit Salz und Pfeffer abschmecken.
3. Die Palmherzen in Scheiben schneiden und warmstellen.
4. Die Tomaten in die Soße geben und erwärmen.
5. Die Bratwürste mit Kokosnussöl auf allen Seiten für 6 Min. braun anbraten und in Scheiben schneiden.
6. Die Wurstscheiben mit den Palmherzen und dem Curry anrichten. Koriander abzupfen und darüber geben.

Perfekt kombiniert mit einem Maniokbrötchen und einem eiskalten Caipirinha.

British Style

Floury potatoe, green pea and black pepper

Zutaten (für 4 Personen):

2 El	gehackte Zwiebeln
20 g	Butter
200 g	grüne Erbsen, tiefgekühlt
125 ml	Wasser
1 El	gehackte Minze
1 St.	Zitrone zu Saft
½ Tl	Zucker
1 St.	Eigelb
1 El	Obstessig
1 El	Wasser
150 ml	Olivenöl
3 g	englisches Currypulver
1 Tl	gehackter Knoblauch
600 g	mehlige Kartoffeln
1½ Lt	Frittieröl
4 St.	Bratwürste ohne Haut
200 g	Mehl
1 Päckchen	Backpulver
1 g	englisches Currypulver
250 ml	helles Bier
1½ Tl	Meersalz
	schwarzer Pfeffer aus der Mühle

Zubereitung:

1. Die Zwiebeln mit Butter anschwitzen, die aufgetauten Erbsen dazugeben und mit dem Wasser 5 Min. dünsten. Grob mixen, Minze und Zitronensaft beifügen und mit ½ Tl Meersalz würzen. Warmstellen.
2. Das Eigelb mit dem Obstessig und 1 El Wasser mit dem Olivenöl zu Mayonnaise rühren. Currypulver und Knoblauch beifügen und mit ½ Tl Meersalz und schwarzem Pfeffer abschmecken.
3. Die Kartoffeln waschen, schälen und in 1 cm dicke Stäbchen schneiden. Das Frittieröl auf 170 °C erhitzen und darin 5 Min. frittieren. Herausnehmen und abtropfen lassen.
4. Die Würste in 6 Scheiben schneiden und mehlieren. Das Mehl mit dem Backpulver und Curry vermischen, mit dem Bier glattrühren und mit ½ Tl Meersalz und Pfeffer würzen.
5. Die Wurstscheiben dazugeben und einzeln im heißen Öl ca. 5 Min. goldgelb backen. Die Kartoffeln nochmals goldgelb backen, mit Meersalz würzen und mit der Currymayonaise und Erbsen servieren.

The jab developed with GSK has
GSK and CureVac aim to produce a
jab to target multiple virus variants

Canadian Style

Der König der Krustentiere mit Ahornsirup und Whisky

Zutaten (für 4 Personen):

1 St.	gekochter Hummer
40 g	gehackte Schalotten
6 g	gehackter Knoblauch
20 ml	Maisöl
100 ml	passierte Tomaten
15 g	rote Currypaste
30 ml	Ahornsirup
2 cl	Whisky
200 ml	Hummerfond
250 ml	Kokosmilch
2 Tl	Maismehl
½ Tl	Meersalz
150 g	Maiskörner aus der Dose
1 El	gehackte Blattpetersilie
4 St.	Kalbsbratwürste
10 ml	Maisöl
	Blattpetersilie zum Garnieren
	schwarzer Pfeffer aus der Mühle

Zubereitung:

1. Den Hummer aufbrechen, die Scheren halbieren und den Schwanz in 8 Scheiben schneiden. Aus den Karkassen einen Hummerfond kochen.
2. Die Schalotten und den Knoblauch in einem Topf mit Maisöl kurz anschwitzen. Passierte Tomaten und Currypaste dazugeben und mit Ahornsirup und Whisky ablöschen.
3. Den Hummerfond und die Kokosmilch beigeben und zur Hälfte reduzieren lassen.
4. Das Maismehl mit etwas Wasser anrühren und die Soße damit abbinden. 2 Min. kochen lassen, mit Meersalz und Pfeffer würzen und durch ein Sieb passieren.
5. Die Maiskörner abtropfen lassen und mit der gehackten Blattpetersilie in die Soße geben.
6. Die Kalbsbratwürste mit Maisöl in einer Pfanne ca. 6 Min. braun braten und danach in 2-cm-Scheiben schneiden.
7. Die Hummerstücke erwärmen, mit den Wurstscheiben und der Soße anrichten und mit der Blattpetersilie garnieren.

Optimal ergänzt mit Chili Popcorn und einem kanadischen Bier.

Chinese Style

Curry-Wok mit zarten Sprossen

Zutaten (für 4 Personen):

250 g	Ananas
200 g	rote Paprika
4 St.	Rinderbratwürste
1 St.	Chilischote
20 ml	helles Sesamöl
10 g	gehackter Knoblauch
20 g	gehackter Ingwer
100 ml	Brühe
8 g	Currypulver
100 ml	Hoisin-Soße[1]
100 ml	Reiswein
2 Tl	Reismehl
100 g	Sojasprossen, gewaschen
½ Bund	Frühlingszwiebeln

Zubereitung:

1. Die Ananas schälen, vierteln, in 1-cm-Scheiben schneiden und das Mittelstück herausschneiden. Die Paprika waschen, putzen, halbieren und entkernen. Beides dann in 2-cm-Stücke schneiden.
2. Die Würste in 1-cm-Scheiben schneiden und die Chilischote waschen, halbieren, entkernen und grob hacken.
3. Paprika am besten in einem Wok oder einer großen Pfanne mit hellem Sesamöl heiß für 2 Min. schwenken. Knoblauch und Ingwer dazugeben, kurz schwenken und die Wurstscheiben dazugeben.
4. Brühe, Curry und Hoisin-Soße hinzufügen und aufkochen. Das Reismehl mit Reiswein anrühren und darunterrühren, aufkochen und die Ananas und Sojasprossen dazugeben. Kurz schwenken und anrichten.
5. Die Frühlingszwiebeln in feine Scheiben schneiden und darübergeben.

Damit harmonieren am besten gedämpfter Jasminreis und grüner Tee.

Croatian Style

Anchovis und gelbgoldener kroatischer Weißwein

Zutaten (für 4 Personen):

1 St.	rote Paprika
2 St.	gelbe Paprika
50 g	gehackte Zwiebeln
2 St.	gehackte Knoblauchzehen
2 El	Olivenöl
30 g	gelbe Currypaste
4 St.	Sardellen
200 ml	Debit-Weißwein
300 ml	Gemüsebrühe
2 Tl	Mondamin
50 ml	Debit-Weißwein
½ Tl	Meersalz
40 g	schwarze eingelegte Oliven
2 El	gehackte Blattpetersilie
4 St.	Bratwürste
1 El	Olivenöl
	Blattpetersilie für die Garnitur
	schwarzer Pfeffer aus der Mühle

Zubereitung:

1. Die Paprika waschen, putzen, halbieren und entkernen. Die rote Paprika in 1-cm-Stücke schneiden.
2. Die gelbe Paprika grob schneiden und mit den Zwiebeln und dem Knoblauch in Olivenöl anschwitzen. Den Curry und die Sardellen dazugeben, mit Weißwein ablöschen und mit der Gemüsebrühe 20 Min. kochen lassen. Mondamin mit Weißwein verrühren und die Soße damit abbinden.
3. Mit einem Stabmixer die Soße fein mixen, durch ein Sieb passieren und mit Meersalz und Pfeffer abschmecken. Die Paprikawürfel darin 3 Min. köcheln lassen.
4. Die schwarzen Oliven in Stücke schneiden und mit der Petersilie in die Soße geben.
5. Die Würste auf beiden Seiten mit Olivenöl ca. 6 Min. braun anbraten und in Scheiben schneiden. Danach mit der Soße anrichten und mit Blattpetersilie garnieren.

Mein Serviervorschlag dazu:
ein Lepinje-Fladenbrot[2] und ein kühles Glas Debit.

Cuban Style

Karibischer Traum mit Ananas und Mangosaft

Zutaten (für 4 Personen):

200 g Ananas
200 g Okraschoten[3]
3 St. Chilischoten
100 g rote Zwiebelscheiben
10 g gehackter Knoblauch
20 ml Sonnenblumenöl
20 g gelbe Currypaste
250 ml Mangosaft
150 ml passierte Tomaten
½ Tl Meersalz
1 Msp. Kardamompulver
4 St. vegane Bratwürste
20 ml Sonnenblumenöl
1 kl. Bund Basilikum
schwarzer Pfeffer aus der Mühle

Dazu servieren Sie am besten ein kleines Fladenbrot und eine Maracujalimonade.

Zubereitung:

1. Die Ananas schälen, vierteln, den Kern rausschneiden und in 2-cm-Stücke schneiden. Die Okraschoten waschen, putzen und in Stücke schneiden. Die Chilischoten waschen, putzen, halbieren, entkernen und grob hacken.
2. Die Okraschoten scharf in Sonnenblumenöl 1 Min. anschwitzen, die Zwiebelscheiben und die Ananasstücke dazugeben. Kurz schwenken und aus der Pfanne nehmen.
3. Knoblauch und Chili in die Pfanne geben, 1 Min. anschwitzen, Currypaste daruntermischen und mit Mangosaft und den passierten Tomaten ablöschen. 3 Min. kochen lassen und mit Meersalz, Pfeffer und Kardamom würzen. Okraschoten, Ananas und Zwiebeln daruntermischen.
4. Die Bratwürste mit Sonnenblumenöl in einer Pfanne für 6 Min. auf allen Seiten anbraten. Die Würste in Stücke schneiden und mit der Okra-Curry-Soße anrichten.
5. Das Basilikum waschen, abzupfen und darübergeben.

Egyptian Style

Minze – herrlich duftender Klassiker

Zutaten (für 4 Personen):

1 St.	gehackte Chilischote
1 St.	gehackte Zwiebel
2 St.	gehackte Knoblauchzehen
3 El	Olivenöl
150 ml	Gemüsebrühe
300 ml	passierte Tomaten
¼ Tl	gemahlener Kardamom
¼ Tl	gemahlener Kreuzkümmel
10 g	Currypulver
2 Tl	Worcester Sauce
½ Tl	Meersalz
¼ Tl	schwarzer Pfeffer
2 El	gehackte Blattpetersilie
1 Tl	gehackte Pfefferminze
1 St.	rote Paprikaschote
½ St.	Aubergine
4 St.	Rinderbratwürste
1 El	Olivenöl
100 g	gekochte Kichererbsen

Zubereitung:

1. Die Chilischote, Zwiebeln und den Knoblauch in einem Topf mit Olivenöl anschwitzen, mit der Gemüsebrühe ablöschen und 3 Min. einkochen lassen.
2. Die passierten Tomaten, Kardamom, Kreuzkümmel, Curry und Worcester Sauce dazugeben. 5 Min. köcheln lassen und mit Meersalz und Pfeffer abschmecken.
3. Die Paprikaschote putzen, halbieren und entkernen. Die Aubergine ebenfalls putzen und mit der Paprika in 1-cm-Stücke schneiden.
4. Die Rinderbratwürste mit Olivenöl 6 Min. in einer Pfanne anbraten und warmstellen. Die Auberginen und Paprika 2 Min. in der Pfanne mit Olivenöl sautieren und dann die Kichererbsen dazugeben.
5. Nochmals 2 Min. schwenken, mit Meersalz und Pfeffer würzen, die gehackte Petersilie und Pfefferminze dazugeben. Die Rinderbratwurst in Scheiben schneiden und mit der Soße und Gemüse anrichten.
6. Mit den Kräutern garnieren.

Dazu passen perfekt ein Fladenbrot und ein Pfefferminztee.

Filipino Style

Kokos-Shrimps mit Austernsoße

Zutaten (für 4 Personen):

60 g	gehackte Schalotten
10 g	gehackter Knoblauch
10 g	gehackter Ingwer
2 El	Sonnenblumenöl
20 g	rote Currypaste
1 St.	Chilischote, gehackt
400 ml	Kokosmilch
2 St.	Limonen
50 ml	Austernsoße
100 g	Zuckerschoten
12 St.	geschälte Shrimps
1 El	Sonnenblumenöl
4 St.	Bratwürste ohne Darm
1 El	Sonnenblumenöl
1 St.	Frühlingszwiebel

Zubereitung:

1. Schalotten, Knoblauch und Ingwer in Sonnenblumenöl anschwitzen, die Currypaste, die Chilischote und die Kokosmilch dazugeben, verrühren und zu einem Drittel einkochen lassen.
2. Die Limonen waschen, fein abreiben, mit dem Saft zur Soße geben und die Austernsoße beifügen.
3. Die Zuckerschoten waschen, putzen und in Rauten schneiden. Die Shrimps einschneiden und den Darm herausziehen.
4. Die Zuckerschoten in die Soße geben und 1 Min. kochen lassen. Die Shrimps dazugeben und nochmals 1 Min. kochen lassen.
5. Die Bratwürste in Sonnenblumenöl für ca. 6 Min. auf allen Seiten anbraten, in Scheiben schneiden und mit der Soße anrichten.
6. Die Frühlingszwiebel waschen, in feine Scheiben schneiden und das Gericht damit garnieren.

Mein Serviervorschlag dazu:
Reiscracker und ein leckerer Ingwertee.

French Style

Ménage à Trois aus Champignons, Crème Fraîche und Weißwein

Zutaten (für 4 Personen):

100 g	Nadelbohnen
100 g	braune Champignons
40 g	schwarze Oliven, entkernt
1 St.	Fleischtomate
5 g	gehackter Knoblauch
30 g	gehackte Schalotten
1 St.	gehackte Chilischote
20 ml	Olivenöl
4 g	Currypulver
100 ml	Weißwein
200 ml	Gemüsefond
2 Tl	Mondamin
50 ml	Weißwein
2 El	gehackter Estragon
200 ml	Crème Fraîche
½ Tl	Meersalz
4 St.	Bratwürste
20 ml	Olivenöl
	schwarzer Pfeffer aus der Mühle

Zubereitung:

1. Die Nadelbohnen putzen, waschen, in 2-cm-Stücke schneiden und blanchieren. Die Champignons putzen, waschen, trockentupfen und vierteln. Die Oliven vierteln.
2. Den Strunk der Fleischtomate entfernen und oben ein Kreuz einritzen. 15 Sek. blanchieren, bis sich die Haut lösen lässt. Kalt abschrecken, schälen, vierteln, entkernen und in 1-cm-Würfel schneiden.
3. Den Knoblauch, die Schalotten und die Chili in einer Sauteuse mit Olivenöl anschwitzen. Champignons und Curry dazugeben und mit Weißwein ablöschen. Champignons herausnehmen, Gemüsefond beifügen und zur Hälfte einkochen lassen.
4. Das Mondamin mit 50 ml Weißwein verrühren, die Soße damit abbinden, aufkochen lassen und fein mixen. Die Nadelbohnen dazugeben, 3 Min. kochen lassen und die Crème Fraîche darunterrühren. Mit Meersalz und Pfeffer würzen. Oliven, Tomatenwürfel, Champignons und Estragon beifügen und erwärmen.
5. Würste mit Olivenöl auf allen Seiten 6 Min. anbraten, in Scheiben schneiden, mit der Soße anrichten und mit Estragon garnieren.

Dazu schmecken am besten ein frisches Baguette und ein Glas Champagner.

Greek Style

Ein Lamm für die Götter

Zutaten (für 4 Personen):

1 St. rote Paprika
1 St. gelbe Paprika
200 g Gurke
40 g entkernte schwarze Oliven
10 g gehackter Knoblauch
50 g gehackte Zwiebeln
1 El Olivenöl
250 ml passierte Tomaten
100 ml Brühe
10 g rotes Currypulver
½ Tl gemahlener Anis
½ Tl gemahlener Zimt
1 Tl Mondamin
50 ml Weißwein
1 El gehackter Oregano
½ Tl Meersalz
1 El Olivenöl
4 St. Lammbratwürste
4 St. eingelegte Peperoni
Oreganoblätter zum Garnieren
schwarzer Pfeffer aus der Mühle

Zubereitung:

1. Die Paprika waschen, halbieren, entkernen und in 1-cm-Würfel schneiden.
2. Die Gurke schälen, halbieren, entkernen und ebenfalls in 1-cm-Würfel schneiden. Die Oliven in Scheiben schneiden.
3. Den Knoblauch und die Zwiebeln mit Olivenöl in einem Topf kurz anschwitzen, die passierten Tomaten, Brühe, Curry, Anis und Zimt dazugeben. Mondamin mit Weißwein verrühren und die Soße abbinden. 10 Min. köcheln lassen und fein mixen.
4. Die Paprika dazugeben, 2 Min. kochen lassen und die Gurkenwürfel, Oliven und den Oregano mit Meersalz und Pfeffer abschmecken.
5. Die Lammbratwürste mit Olivenöl für 6 Min. auf allen Seiten in der Pfanne anbraten.
6. Die Würste in Scheiben schneiden, mit der Soße anrichten und mit dem Oregano und der Peperoni garnieren.

Reichen Sie dazu ein Fladenbrot und griechischen Wein.

Hawaiian Style

Tropische Umarmung von Geflügel und Papaya

Zutaten (für 4 Personen):

½ St.	Papaya
10 g	gehackter Knoblauch
15 g	gehackter Ingwer
50 g	gehackte Zwiebeln
2 El	Macadamiaöl
200 ml	Papayasaft
200 ml	Kokosnussmilch
1 St.	Limone zu Saft
20 g	gelbe Currypaste
2 St.	gehackte Chilischoten
½ Tl	Meersalz
4 St.	Geflügelbratwürste
1 El	Macadamiaöl
50 g	geschälte Macadamianüsse
	Korianderblätter zum Garnieren
	schwarzer Pfeffer aus der Mühle

Zubereitung:

1. Die Papaya schälen, entkernen und in 4 Spalten schneiden.
2. Den Knoblauch, Ingwer und die Zwiebeln in einem Topf mit Macadamiaöl kurz anschwitzen.
3. Mit Papayasaft und Kokosnussmilch ablöschen, Limonensaft und Currypaste dazugeben und verrühren. 10 Min. einkochen lassen, mit Meersalz und Pfeffer abschmecken und durch ein Sieb passieren.
4. Die Chilischoten in die Soße geben und für 2 Min. kochen lassen.
5. Die Würste mit Macadamiaöl für 6 Min. anbraten und in Scheiben schneiden. Die Macadamianüsse ebenfalls in der Pfanne für 2 Min. rösten.
6. Die Papaya erwärmen, mit der Soße, den Würsten und den Macadamianüssen anrichten und mit Koriander garnieren.

Ein Kokosnussbrot und ein Blue Hawaiian Cocktail[4] sind die perfekte Ergänzung.

Hungarian Style

Ziemlich scharfe Sache

Zutaten (für 4 Personen):

2	rote Paprikaschoten
50 g	gehackte rote Zwiebeln
5 g	gehackter Knoblauch
2 El	Olivenöl
20 g	rote Currypaste
½ Tl	gemahlener Kümmel
2 El	edelsüßes Paprikapulver
100 ml	Muskatwein
200 ml	passierte Tomaten
200 ml	Brühe
½ Tl	Meersalz
8	ungarische Salamischeiben
4 St.	Bratwürste
1 El	Olivenöl
10 g	geschnittener Schnittlauch
100 ml	Schmand
	schwarzer Pfeffer aus der Mühle

Dazu empfehle ich Pogatschen[5] und ein Glas kühlen Muskatwein.

Zubereitung:

1. Die Paprikaschoten waschen, putzen, entkernen, vierteln und im Ofen im obersten Einschub, Haut nach oben, mit sehr heißer Oberhitze gratinieren, bis sie dunkelbraun sind. Die Haut abziehen und in Rauten schneiden.
2. Die Zwiebeln und den Knoblauch mit Olivenöl kurz anschwitzen, die Currypaste, den Kümmel und das Paprikapulver beifügen. Mit dem Muskatwein ablöschen und zur Hälfte reduzieren. Die passierten Tomaten und die Brühe beifügen und 15 Min. kochen lassen. Mit Meersalz und Pfeffer würzen. Die Soße fein mixen und durch ein Sieb passieren.
3. Die Salamischeiben auf einem Backpapier im Ofen für 10 Min. bei 180 °C backen, bis sie knusprig sind.
4. Die Bratwürste mit Olivenöl auf allen Seiten für 6 Min. goldbraun braten und in Scheiben schneiden.
5. Auf einem Teller mit der Soße und dem Paprika anrichten. Den Schmand dazugeben und mit der Salami und dem Schnittlauch garnieren.

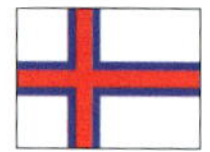

Icelandic Style

Beerig gut – Meerestier auf zartem Lamm

Zutaten (für 4 Personen):

120 g	Johannisbeeren
1 kl.	Bund Dill
80 g	gehackte rote Zwiebeln
10 g	gehackter Knoblauch
2 El	Sonnenblumenöl
20 ml	Brennivín[6]
150 ml	passierte Tomaten
150 ml	Brühe
20 g	gelbe Currypaste
200 ml	Kondensmilch
200 g	Zucchini
¼ Tl	Meersalz
100 g	Garnelen
4 St.	Lammbratwürste
1 El	Sonnenblumenöl
	schwarzer Pfeffer aus der Mühle

Dazu schmecken ein Island-Roggenbrot und Eistee oder Kaffee.

Zubereitung:

1. Die Johannisbeeren waschen und abtropfen.
2. Den Dill waschen, trocken tupfen und abzupfen. ¾ davon klein schneiden und den Rest für die Garnitur beiseitelegen.
3. Die Zwiebeln und den Knoblauch in Sonnenblumenöl glasig anschwitzen und mit Brennivín ablöschen. Die passierten Tomaten, Brühe und die Currypaste beigeben, verrühren und zur Hälfte einkochen lassen.
4. Die Kondensmilch dazugeben und nochmals zur Hälfte einkochen lassen. Zum Schluss mit dem geschnittenen Dill verfeinern und die Johannisbeeren dazugeben.
5. Die Zucchini waschen, in 1-cm-Scheiben schneiden, mit Meersalz und Pfeffer würzen und mit Sonnenblumenöl anbraten. Die Lammwürste mit dem Sonnenblumenöl für 6 Min. auf allen Seiten anbraten und in Scheiben schneiden. Die Zucchini mit den Wurstscheiben anrichten, die Garnelen erwärmen und dazugeben. Mit der Soße, den Johannisbeeren und den Dillsträußchen garnieren.

Indian Style

Feuriges Curry an Blumenkohlröschen

Zutaten (für 4 Personen):

20 g	gehackter Ingwer
100 g	gehackte Zwiebeln
10 g	gehackter Knoblauch
2 St.	gehackter Chili
2 El	Senföl
1 Bund	Koriander
10 g	Kurkuma
1 Tl	Kreuzkümmelpulver
20 g	Currypulver
200 ml	passierte Tomaten
300 ml	Gemüsebrühe
200 g	Blumenkohl
200 g	rote Paprika
150 g	fester Naturjoghurt
½ Tl	Meersalz
4 St.	Geflügelbratwürste
1 El	Senföl
	schwarzer Pfeffer aus der Mühle

Zubereitung:

1. Den Ingwer, die Zwiebeln, den Knoblauch und Chili in einem Topf mit dem Senföl kurz anschwitzen.
2. Kurkuma, Kreuzkümmel und Curry dazugeben und die passierten Tomaten und die Brühe beifügen. 20 Min. köcheln lassen. Fein mixen und durch ein Sieb passieren.
3. Den Blumenkohl putzen, waschen und in kleine Röschen brechen. Die Paprika waschen, halbieren, entkernen und in 2-cm-Würfel schneiden. Beides in die Soße geben und 3 Min. köcheln lassen.
4. Den Joghurt verrühren und unter die Soße geben. Mit Meersalz und schwarzem Pfeffer abschmecken.
5. Die Geflügelbratwürste in der Pfanne mit Senföl für ca. 6 Min. auf allen Seiten braten, in Scheiben schneiden und mit der Soße und den Korianderblättern anrichten.

Dazu passen perfekt ein indisches Naan-Brot[7] und ein Darjeeling-Tee.

Indonesian Style

Grüne Bohnen mit scharfen Streifen

Zutaten (für 4 Personen):

150 g	grüne Bohnen
50 g	gehackte Schalotten
20 g	gehackter Galgant[8]
5 g	gehackter Knoblauch
2 El	Erdnussöl
400 ml	Kokosmilch
½ Tl	Zimt
10 g	gelbe Currypaste
2 St.	Chilischoten in Streifen
100 g	eingelegte Bambussprossen in Streifen
1 kl.	Bund Koriander
4 St.	vegane Bratwürste
1 El	Erdnussöl
50 g	geschälte Erdnüsse

Zubereitung:

1. Die grünen Bohnen waschen, putzen und in 3-cm-Stücke schneiden.
2. Schalotten, Galgant und Knoblauch in Erdnussöl kurz anschwitzen und die Kokosmilch dazugeben. Zimt und die gelbe Currypaste darunterrühren, zur Hälfte einkochen lassen und fein mixen.
3. Die Chilistreifen und Bohnen dazugeben, 2 Min. kochen lassen und dann die Bambussprossen beifügen.
4. Den Koriander waschen, trocken tupfen und abzupfen. ¾ davon grob hacken und in die Soße geben. Den Rest für die Garnitur beiseitestellen.
5. Die veganen Bratwürste in Erdnussöl 4 Min. auf allen Seiten anbraten, dann die Erdnüsse dazugeben und nochmals 2 Min. braten lassen.
6. Die Würste in Scheiben schneiden und mit der Soße, den Erdnüssen und dem Koriander anrichten.

Perfekt kombiniert mit Krabben-Chips und einem kühlen Glas „Lahang"-Palmsaft.[9]

Irish Style

Beschwipste Jacobsmuschel mit Karottenwürfeln und Petersilie

Zutaten (für 4 Personen):

150 g	Karotten
10 g	gehackter Knoblauch
40 g	gehackte Zwiebeln
20 g	Butter
20 g	grüne Currypaste
50 ml	Guinness
300 ml	Kokosmilch
½ Tl	Meersalz
6 El	gehackte Blattpetersilie
4 St.	Rindsbratwürste
20 ml	Olivenöl
12 St.	Jakobsmuschelfleisch
½ Tl	Meersalz
8 Blätter	Blattpetersilie
	schwarzer Pfeffer aus der Mühle

Servieren Sie dazu ein kühles Guinness und Irish Scones.[10]

Zubereitung:

1. Die Karotten waschen, putzen und in kleine Würfel schneiden. Die Würfel kurz in kochendem Salzwasser blanchieren.
2. Den Knoblauch und die Zwiebeln in einem kleinen Topf mit Butter glasig anschwitzen und mit Guinness ablöschen. Den Curry beifügen und zur Hälfte einkochen lassen.
3. Die Kokosmilch dazugeben und nochmals 5 Min. kochen lassen.
4. Mit Meersalz und Pfeffer würzen und die gehackte Blattpetersilie darunterrühren und fein mixen.
5. Die Rindsbratwürste mit Olivenöl für 6 Min. beidseitig braun braten. Die Jakobsmuscheln trocken tupfen, mit Meersalz und schwarzem Pfeffer würzen und für 2 Min. sehr heiß auf beiden Seiten anbraten.
6. Die Würste in Scheiben schneiden und mit den Jakobsmuscheln anrichten. Die Karottenwürfel in die Currysoße geben und nochmals kurz aufkochen. Auf den Teller geben und mit der Blattpetersilie garnieren.

Israeli Style

Rosa Grapefruit-Filet in Avocado-Umarmung

Zutaten (für 4 Personen):

1 kl.	Bund Basilikum
50 g	gehackte Zwiebeln
10 g	gehackte Knoblauchzehen
3 St.	Limonen zu Saft
2 El	Honig
6 g	Currypulver
2 St.	gehackte Chili
6 El	Olivenöl
½ Tl	Meersalz
1 St.	rosa Grapefruit
1 St.	Avocado
4 St.	Rinderbratwürste
1 El	Olivenöl
	schwarzer Pfeffer aus der Mühle
	Basilikumblätter zum Garnieren

Zubereitung:

1. Das Basilikum waschen, abtupfen und abzupfen. ¾ der Blätter hacken.
2. Die Zwiebeln und den Knoblauch mit dem Limonensaft, Honig, Currypulver, Chili und Olivenöl verrühren. Mit Meersalz und schwarzem Pfeffer würzen.
3. Die rosa Grapefruit mit einem scharfen Messer schälen und filetieren.
4. Die Avocados halbieren, entkernen, schälen und längs in 12 Spalten schneiden. Mit den Grapefruitfilets abwechselnd auf den Tellern anrichten.
5. Die Bratwürste in einer Pfanne mit Olivenöl auf allen Seiten ca. 6 Min. braun braten. Danach in Scheiben schneiden und auf die Teller legen.
6. Das Dressing leicht erwärmen, das gehackte Basilikum dazugeben und über die Avocado und Wurst nappieren. Zum Schluss mit Basilikumblättern garnieren.

Optimal ergänzt mit einem Matze-Brotfladen[11] und einer Limonenlimonade.

Italian Style

Il Tricolore – Feiner Büffelmozzarella an Tomate und Basilikum

Zutaten (für 4 Personen):

2 kl.	Köpfe Romanasalat[12]
5 g	fein gehackter Knoblauch
30 g	fein gehackte Schalotten
4 El	weißer Balsamicoessig
8 El	Olivenöl
1 Tl	Honig
1 Tl	Senf
4 g	Currypulver
200 g	Fleischtomaten
½ Tl	Meersalz
4 St.	Bratwürste
1 El	Olivenöl
125 g	Büffelmozzarella
1 El	frisch gehacktes Basilikum
	schwarzer Pfeffer aus der Mühle
	Basilikumblätter zum Garnieren

Zubereitung:

1. Den Romanasalat putzen, waschen, in Blätter brechen und abtropfen.
2. Die fein gehackten Schalotten und den Knoblauch mit dem Essig, Olivenöl, Honig, Senf und Currypulver in einer Schüssel verrühren und mit Meersalz und schwarzem Pfeffer abschmecken.
3. Die Fleischtomaten ca. 10 Sek. blanchieren, bis sich die Haut leicht löst und in kaltem Wasser abschrecken. Die Haut entfernen, halbieren, entkernen und in ca. 1,5-cm-Würfel schneiden.
4. Die Bratwürste in einer Pfanne mit Olivenöl auf allen Seiten ca. 6 Min. anbraten. Danach in Scheiben schneiden.
5. Den Romanasalat auf den Teller legen, den Büffelmozzarella in 1,5-cm-Scheiben schneiden und mit den Wurstscheiben anrichten.
6. Die Tomatenwürfel und das Basilikum in das Dressing mischen, über das Gericht geben und mit Basilikumblättern garnieren.

Meine Empfehlung dazu: ein Pizzabrötchen und ein Glas Chianti.

Japanese Style

Der König der Pilze in Teriyaki-Soße

Zutaten (für 4 Personen):

1 St.	Frühlingszwiebel
200 g	Shiitake-Pilze[13]
40 g	Ingwer
20 ml	helles Sesamöl
20 ml	Sake
200 ml	Teriyaki-Soße[14]
200 ml	passierte Tomaten
100 ml	Brühe
10 g	Currypulver
4 St.	Geflügelbratwürste
10 ml	helles Sesamöl

Zubereitung:

1. Die Frühlingszwiebel waschen, putzen und schräg in 1-cm-Stücke schneiden. Beiseitestellen.
2. Die Shiitake-Pilze waschen, putzen, trockentupfen und beiseitestellen.
3. Den Ingwer schälen, in feine Streifen schneiden und mit Sesamöl in einer Sauteuse kurz anschwitzen.
4. Mit Sake ablöschen, die Teriyaki-Soße, die passierten Tomaten und die Brühe dazugeben und mit dem Currypulver würzen. Für 3 Min. köcheln lassen.
5. Die Geflügelbratwürste in einer Pfanne mit dem Sesamöl auf allen Seiten ca. 6 Min. braun anbraten und in 2-cm-Stücke schneiden.
6. Die Shiitake-Pilze in die Soße geben, 2 Min. kochen lassen und auf die Teller geben, die Wurststücke dazulegen und die Frühlingszwiebeln darüberstreuen.

Komplettieren Sie das Ganze mit japanischem Reis und lauwarmem Sake.[15]

Kenyan Style

Die Frucht der Königspalme jenseits von Afrika

Zutaten (für 4 Personen):

20 St.	entkernte Datteln
2 St.	Chilischoten
1 kl.	Bund Koriander
10 g	gehackter Knoblauch
50 g	gehackte Zwiebeln
10 g	gehackter Ingwer
2 El	Sonnenblumenöl
1 St.	Limone
20 g	grüne Currypaste
200 ml	passierte Tomaten
200 ml	Gemüsebrühe
200 ml	Kokosnussmilch
½ Tl	Meersalz
4 St.	vegane Bratwürste
1 El	Sonnenblumenöl
	schwarzer Pfeffer aus der Mühle

Reichen Sie dazu ein Kokos-Chiabata und eine kühle Mangolimonade.

Zubereitung:

1. Die Datteln für 1 Std. in Wasser legen und beiseitestellen.
2. Die Chilischoten waschen, putzen, halbieren, die Kerne entfernen und in dünne Streifen schneiden.
3. Den Koriander waschen, 16 Blätter beiseitestellen und den Rest grob hacken.
4. Den Knoblauch, die Zwiebeln und den Ingwer mit Sonnenblumenöl in einem kleinen Topf anschwitzen, den Curry und das Abgeriebene der Limone sowie den Saft der Limone dazugeben.
5. Die passierten Tomaten, die Brühe und die Kokosnussmilch beifügen und für 10 Min. einkochen lassen. Mit einem Mixer fein mixen, durch ein Sieb passieren und mit Meersalz und schwarzem Pfeffer abschmecken. Die Chilistreifen dazugeben und kurz aufkochen lassen.
6. Die Bratwürste mit Sonnenblumenöl für 6 Min. auf allen Seiten braun anbraten und in 2-cm-Scheiben schneiden. Die Datteln trockentupfen und in der Soße erwärmen.
7. Die Würste mit der Dattel-Currysoße anrichten und mit den Korianderblättern garnieren.

Madagascan Style

Süße Ananas in grüner Pfeffer-Soße

Zutaten (für 4 Personen):

2 El gehackte Schalotten
2 Tl gehackter Knoblauch
10 g Sonnenblumenöl
2 cl Cognac
150 ml Brühe
250 ml Kokosmilch
5 g Currypulver
2 Chilischoten
40 g grüne Pfefferkörner
2 Scheiben frische Ananas
1 El gehacktes Basilikum
¼ Tl Meersalz
4 St. Bratwürste ohne Darm
10 g Sonnenblumenöl
Basilikumblätter zum Garnieren

Getoastete Reiskräcker und ein frisches Maisbier sind die ideale Ergänzung.

Zubereitung:

1. Die gehackten Schalotten und den Knoblauch in die Pfanne geben, mit Sonnenblumenöl kurz anschwitzen und mit dem Cognac und der Brühe ablöschen. Zu einem Drittel einkochen lassen. Currypulver und Kokosmilch dazugeben und nochmals zur Hälfte reduzieren lassen.
2. Die Chilischoten inzwischen waschen, putzen, entkernen, kleinschneiden und in die Soße geben. 1 Min. köcheln lassen.
3. Die grünen Pfefferkörner aus dem Glas mit Wasser im Sieb abspülen. Leicht zerdrücken.
4. Die Ananas in kleine Stücke schneiden und mit den Pfefferkörnern in die Soße geben. 1 Mal aufkochen lassen, Basilikum beigeben und mit Meersalz abschmecken.
5. Die Bratwürste in einer Pfanne mit dem Sonnenblumenöl für 6 Min. auf allen Seiten braun anbraten.
6. Die Bratwürste in Scheiben schneiden und anrichten. Die Soße dazugeben und mit Basilikum garnieren.

Malaysian Style

Götterfrucht und Kaffirlimone – tropische Exotik pur

Zutaten (für 4 Personen):

2 St.	Kaki[16]
100 g	gehackte Zwiebeln
50 g	gehackter Ingwer
30 ml	Erdnussöl
400 ml	Kokosmilch
30 g	gelbe Currypaste
1 St.	Limone zu Saft
12 St.	Kaffirlimonenblätter[17]
2 St.	Chilischoten in Streifen
½ Tl	Meersalz
4 St.	Geflügelbratwürste
1 El	Erdnussöl
50 g	geschälte Erdnüsse
	schwarzer Pfeffer aus der Mühle

Dazu passen perfekt Basmati-Reis und ein Glas kühler Palmwein.[18]

Zubereitung:

1. Die Kaki schälen, halbieren und in Achtel schneiden.
2. Die Zwiebeln und den Ingwer mit Erdnussöl in der Pfanne kurz anschwitzen und mit der Kokosmilch ablöschen.
3. Die gelbe Currypaste und die Hälfte der Kaki dazugeben, verrühren und 10 Min. köcheln lassen. Durch ein Sieb passieren und den Limonensaft, die Kaffirlimonenblätter und die Chilistreifen beifügen.
4. Für 3 Min. leicht kochen lassen und dann die zweite Hälfte der Kaki darin aufkochen. Mit Meersalz und Pfeffer abschmecken.
5. Die Geflügelbratwürste in der Pfanne mit dem Erdnussöl auf allen Seiten für 4 Min. braun anbraten. Die Erdnüsse dazugeben und nochmals 2 Min. mitrösten und herausnehmen.
6. Die Würste in Scheiben schneiden und mit der Soße anrichten. Die Erdnüsse trockentupfen und darübergeben.

Mexican Style

Pikantes Gaumenfeuerwerk schlummert in weichen Tortillas

Zutaten (für 4 Personen):

1 St.	gelbe Paprikaschote
1 St.	Romanosalat
1 St.	Chilischote
100 g	gehackte Zwiebeln
10 g	gehackter Knoblauch
10 g	gehackter Ingwer
20 g	Sonnenblumenöl
150 ml	Rotwein
250 ml	passierte Tomaten
2 g	Kreuzkümmel
6 g	Currypulver
½ Tl	Meersalz
1 kl.	Bund Koriander
1 St.	Avocado
1 St.	Limone zu Saft pressen
4 St.	weiche Tortillas
4 St.	Kalbsbratwürste
10 g	Sonnenblumenöl
60 g	eingelegte Jalapeñoscheiben[19]
	schwarzer Pfeffer aus der Mühle

Zubereitung:

1. Die Paprikaschote und die Chilischote waschen, halbieren und entkernen.
2. Die Chilischote grob hacken und die Paprikaschote in Streifen schneiden.
3. Den Romanosalat putzen, waschen und trockentupfen.
4. Zwiebeln, Knoblauch und Ingwer in einem Topf mit dem Sonnenblumenöl anschwitzen. Mit Rotwein ablöschen, die passierten Tomaten beifügen, Kreuzkümmel und Currypulver dazugeben. 5 Min. kochen lassen und mit Meersalz und Pfeffer würzen.
5. Den Koriander waschen, trockentupfen, die Hälfte hacken und in die Soße geben.
6. Die Avocado halbieren, entkernen, schälen und längs in Spalten schneiden. Mit dem Limonensaft marinieren.
7. Die Tortillas im Ofen bei 80 °C erwärmen. Die Würste mit dem Sonnenblumenöl in einer Pfanne ca. 6 Min. braun braten und dann in Scheiben schneiden.
8. Die Tortillas auf den Teller legen, Romanosalatblätter darauflegen, die Paprika, Avocados und Wurstscheiben darauflegen und mit der Soße halb nappieren. Die Jalapeños dazulegen, zum Schluss mit dem Koriander garnieren und einschlagen.

Dazu schmecken eine frische kühle Limonade und danach ein Tequila.

Moroccan Style

Orientalisches Gewürz-Bouquet oder die Reise in 1001 Nacht

Zutaten (für 4 Personen):

1	Radicchio-Kopf[20]
2 St.	gehackte Schalotten
2 St.	gehackte Knoblauchzehen
2 Tl	Senf
1 Tl	Harissa[21]
2 El	arabisches Currypulver
1 Tl	gemahlener Kreuzkümmel
2 El	Tahina[22]
100 ml	Obstessig
150 ml	Olivenöl
3 g	Meersalz
1 g	schwarzer Pfeffer, gemahlen
200 g	Auberginen
2 g	Meersalz
1 g	schwarzer Pfeffer, gemahlen
50 ml	Olivenöl
4 St.	Rindsbratwürste
40 g	Pinienkerne
1 El	Olivenöl
2 El	gehackte Pfefferminze
	Pfefferminzblätter zum Garnieren

Zubereitung:

1. Den Radicchio putzen, Blätter abzupfen, waschen und abtropfen lassen.
2. Gehackte Schalotten, Knoblauch, Senf, Harissa, Curry, Kreuzkümmel und Tahina mit dem Obstessig und Olivenöl verrühren und mit Meersalz und schwarzem Pfeffer aus der Mühle würzen.
3. Die Auberginen waschen, putzen und in ½ cm dicke Stücke schneiden. Mit Meersalz und schwarzem Pfeffer würzen und in einer Pfanne mit dem Olivenöl auf beiden Seiten goldbraun anbraten.
4. Die Rindsbratwürste in einer Pfanne mit Olivenöl auf allen Seiten ca. 4 Min. anbraten, die Pinienkerne dazugeben und nochmals ca. 2 Min. goldbraun braten. Die Pinienkerne auskühlen lassen und beiseitestellen. Die Würste in Scheiben schneiden.
5. Die Radicchioblätter auf einem Teller anrichten, die Auberginen und die Wurstscheiben darüberlegen. Die gehackte Pfefferminze in das Dressing geben, über das Gericht nappieren, mit Pfefferminzblättern und Pinien garnieren.

Servieren Sie dazu ein Fladenbrot und einen Minztee.

Namibian Style

Fruchtige Aprikosen in raffinierter Kräutersoße

Zutaten (für 4 Personen):

120 g	getrocknete Aprikosen
80 g	gehackte rote Zwiebeln
10 g	gehackter Knoblauch
20 g	gehackter Ingwer
2 El	Sonnenblumenöl
100 ml	Rotwein
100 ml	Brühe
5 g	Rosmarin
5 g	Thymian
20 g	rote Currypaste
300 g	passierte Tomaten
1 St.	grüne Paprika
½ Tl	Meersalz
4 St.	Bratwürste
1 El	Sonnenblumenöl
	schwarzer Pfeffer aus der Mühle
	Rosmarin- und Thymian-Sträußchen zum Garnieren

Zubereitung:

1. Die Aprikosen je nach Größe vierteln oder achteln und in Wasser für 3 Std. einweichen.
2. Die Zwiebeln, den Knoblauch und Ingwer in einem Topf mit dem Sonnenblumenöl anschwitzen. Mit Rotwein und Brühe ablöschen, zur Hälfte reduzieren. Die Kräuter waschen, abzupfen, fein hacken und mit dem Curry in den Topf geben. Die passierten Tomaten dazugeben und 10 Min. köcheln lassen.
3. Die Paprika waschen, halbieren und entkernen. In 1-cm-Würfel schneiden und in die Soße geben. Nochmals 2 Min. leicht kochen lassen. Die Aprikosen abtropfen lassen und ebenfalls in der Soße nochmals 1 Min. köcheln lassen.
4. Die Würste längs halbieren, mit Öl einreiben und 4 Min. auf beiden Seiten grillen. Mit der Soße anrichten und mit den Kräutern garnieren.

Dazu empfehle ich ein Maisbrot und Wassermelonen-Wein.

New Zealand Style

Kiwi-Kokos-Traum

Zutaten (für 4 Personen):

2 Stängel	Frühlingszwiebeln
150 g	rote Paprika
2 St.	feste grüne Kiwis
20 g	gehackter Ingwer
10 g	gehackter Knoblauch
2 El	Olivenöl
2 Tl	Kurkumapulver
1 Tl	Kreuzkümmelpulver
20 g	gelbe Currypaste
100 ml	Weißwein
100 ml	passierte Tomaten
200 ml	Kokosmilch
½ Tl	Meersalz
4 St.	Bratwürste
1 El	Olivenöl
	schwarzer Pfeffer aus der Mühle

Zubereitung:

1. Die Frühlingszwiebeln putzen, waschen und die weißen Stängel klein hacken. Den grünen Teil in feine Scheiben schneiden. Die Paprika waschen, halbieren, entkernen und in ca. 0,5-cm-Würfel schneiden. Die Kiwi schälen, vierteln und in je 3 Teile schneiden.
2. Den Ingwer und Knoblauch mit dem weißen, gehackten Frühlingslauch in einem Topf mit Olivenöl anschwitzen und Kurkuma, Kreuzkümmel, Currypaste sowie den Weißwein dazugeben und verrühren.
3. Zur Hälfte einkochen lassen und die passierten Tomaten und Kokosmilch dazugeben. 5 Min. einkochen lassen. Fein mixen und durch ein Sieb passieren. Danach die Paprika beifügen und nochmals 3 Min. köcheln lassen. Zum Schluss die Kiwistücke beifügen und mit Meersalz und Pfeffer abschmecken.
4. Die Bratwürste mit Olivenöl in einer Pfanne für ca. 6 Min. auf beiden Seiten braun braten.
5. Die Würste nun in Scheiben schneiden, mit der Soße anrichten und das Grün der Frühlingszwiebeln darüberstreuen.

Perfekt kombiniert mit einem Ginger Beer und einem Ciabatta-Brötchen.

Norwegian Style

Greetings from Scandinavia – meeresfrisches Lachsfilet

Zutaten (für 4 Personen):

300 g	reines Lachsfilet, eiskalt
225 g	Sahne
1	Eiweiß
1 Tl	Meersalz
1 Prise	Cayennepfeffer
¼ Tl	Zimtpulver
2 El	Aquavit[23]
1 El	Meersalz
1 El	gehackte Schalotten
1	Knoblauchzehe, gehackt
1 El	Butter
20 g	rote Currypaste
¼ Tl	Zimtpulver
100 ml	Cider
200 ml	Lachsfond
2 Tl	Mondamin
200 ml	Sahne
1 kl.	Bund Dill
160 g	feste Pflaumen
	Eiweißdarm 28 mm
	schwarzer Pfeffer aus der Mühle

Zubereitung:

1. Das eiskalte Lachsfilet ohne Haut und Gräten kleinschneiden und mit Meersalz, Cayenne und Pfeffer würzen. In einem Turbo-Mixer ganz fein mixen. Das Eiweiß und die gut gekühlte Sahne allmählich hinzufügen und mit Aquavit abschmecken.
2. Die Lachsfarce mit einem Spritzbeutel oder Wurstfüller in den Eiweißdarm füllen und nach Länge binden. In Meersalzwasser bei 70 °C für 20 Min. pochieren. In Wasser abkühlen und danach schälen.
3. Die Schalotten und den Knoblauch mit Butter in einem kleinen Topf anschwitzen und die Currypaste dazugeben. Mit Cider ablöschen und 200 ml Lachsfond dazugeben.
4. Das Mondamin mit 2 El Wasser anrühren und darunterrühren. Zur Hälfte einkochen lassen und die Sahne dazugeben. Nochmals 5 Min. kochen lassen und fein mixen.
5. Die Pflaumen waschen, vierteln und in der Soße 1 Min. kochen lassen.
6. Den Dill waschen, abzupfen, fein hacken und in die Soße geben.
7. Die Würste trockentupfen und in Olivenöl für 5 Min. braun braten, in Scheiben schneiden und mit der Soße anrichten.

Knäckebrot und ein Glas kalter Cider sind die perfekte Ergänzung.

Peruvian Style

„Sau"gute Bohnen mit erfrischendem Purpurmais-Getränk

Zutaten (für 4 Personen):

1 St.	Fleischtomate
10 g	gehackter Knoblauch
50 g	gehackte Zwiebeln
2 El	Maisöl
25 g	grüne Currypaste
30 g	Tamarindensoße[24]
½ Tl	Kreuzkümmel
400 ml	Kokosnussmilch
1 kl.	Bund Blattpetersilie
150 g	weich gekochte Saubohnen
1 St.	Limone
½ Tl	Meersalz
4 St.	Bratwürste
1 El	Maisöl
	Blattpetersilie für Garnitur
	schwarzer Pfeffer aus der Mühle

Dazu passen am besten Maisbrötchen und ein Glas kühle Chicha Morada.[25]

Zubereitung:

1. Die Fleischtomate waschen, den Strunk entfernen und oben einkreuzen. In kochendem Wasser 10 Sek. kochen lassen, bis sich die Haut lösen lässt. In kaltem Wasser abschrecken, Haut entfernen, halbieren und entkernen.
2. Das Fleisch in ca. 1-cm-Würfel schneiden und im Sieb abtropfen lassen.
3. Den Knoblauch und die Zwiebeln mit Maisöl anschwitzen. Currypaste, Tamarindensoße und Kreuzkümmel dazugeben. Die Kokosnussmilch darunterrühren und 5 Min. einkochen lassen.
4. Die Blattpetersilie waschen, abzupfen und trockentupfen. Für die Garnitur Blätter beiseitelegen. Den Rest grob hacken und in die Soße geben. Die Soße dann fein mixen. Die Saubohnen dazugeben, 2 Min. kochen lassen und die Tomatenwürfel darin erhitzen. Mit dem Abgeriebenen und dem Saft der Limone sowie mit Meersalz und Pfeffer abschmecken.
5. Die Bratwürste mit Maisöl für 6 Min. auf allen Seiten anbraten, in Scheiben schneiden, mit der Soße anrichten und mit Blattpetersilie garnieren.

Polish Style

Echter Hingucker – Rosenkohlröschen im Festgewand

Zutaten (für 4 Personen):

200 g	Rosenkohl
50 g	gehackte Zwiebeln
10 g	gehackter Knoblauch
2 El	Sonnenblumenöl
200 ml	passierte Tomaten
200 ml	Brühe
2 El	rotes Currypulver
1 Msp.	gemahlene Muskatblüte
1 Msp.	gemahlener Kümmel
½ Tl	Meersalz
30 g	Semmelbrösel
60 g	Butter
5 g	gehackte Chili
1 St.	gekochtes Ei, gehackt
2 El	gehackte Blattpetersilie
4 St.	Bratwürste
1 El	Sonnenblumenöl
	schwarzer Pfeffer aus der Mühle

Zubereitung:

1. Den Rosenkohl putzen, den Strunk einkreuzen und in gesalzenem Wasser für ca. 20 Min. kochen. Danach abtropfen lassen, halbieren und warmhalten.
2. Die Zwiebeln und den Knoblauch in Sonnenblumenöl anschwitzen, die passierten Tomaten, Brühe, Curry, Muskatblüte und den Kümmel dazugeben, 10 Min. kochen lassen und mit Meersalz und Pfeffer abschmecken. Danach fein mixen.
3. Die Semmelbrösel mit der Butter braun rösten, den gehackten Chili und das gehackte Ei dazugeben und mit Meersalz und Pfeffer würzen. Vor dem Anrichten die gehackte Petersilie dazugeben.
4. Die Bratwürste mit Sonnenblumenöl in einer Pfanne braun auf allen Seiten anbraten, in Scheiben schneiden und mit der Soße anrichten.
5. Zum Schluss den Rosenkohl dazulegen und die Semmelbrösel-Butter über den Rosenkohl geben.

Ideal kombiniert mit einem Kartoffelbrötchen und einer „Polnischen Rakete“.[26]

Russian Style

Extravaganz pur – Schillerndes Blattgold auf purpurnem Fond

Zutaten (für 4 Personen):

250 g	Rote Bete, gekocht
50 g	gehackte Zwiebeln
5 g	gehackter Knoblauch
20 ml	Sonnenblumenöl
½ Tl	Kreuzkümmel
1 El	frischer Rosmarin
5 g	Currypulver
200 ml	Tomatensoße
20 ml	Wodka
½ Tl	Meersalz
4 St.	Bratwürste
10 ml	Sonnenblumenöl
6 Blätter	essbares Blattgold
	Rosmarin zum Garnieren
	schwarzer Pfeffer aus der Mühle

Zubereitung:

1. Die Rote Bete in 1 cm dicke und 4 cm lange Stäbchen schneiden. Der Rest der Roten Bete und der Saft kommen in die Soße.
2. Die Zwiebeln und den Knoblauch in Sonnenblumenöl für 2 Min. anschwitzen, Kreuzkümmel, Rosmarin und Curry dazugeben. Mit Brühe ablöschen und die Tomatensoße beifügen und 10 Min. kochen lassen.
3. Mit Wodka verfeinern und mit Meersalz und Pfeffer abschmecken. Durch ein Sieb passieren und die Rote-Bete-Stäbchen darin erwärmen.
4. Die Bratwürste in Sonnenblumenöl für 6 Min. auf allen Seiten anbraten und danach in 2-cm-Stücke schneiden.
5. Die Wurstscheiben anrichten und das Blattgold vorsichtig darübergeben.
6. Rote Bete und Soße dazugeben und mit Rosmarin garnieren.

Meine Empfehlung dazu:
Wodka und ein Kalatsch-Brötchen.[27]

Slovenian Style

Bunter Früchtekorb mit Feigen, Paprika und Himbeeren

Zutaten (für 4 Personen):

40 g	fein gehackte Schalotten
4 g	fein gehackter Knoblauch
40 g	Honig
20 g	Senf
80 ml	Himbeeressig
120 ml	Olivenöl
½ Tl	Meersalz
6 g	rotes Currypulver
150 g	gelbe Paprikaschote
2 St.	Feigen
120 g	Himbeeren
200 g	Rucola
4 St.	Bratwürste ohne Darm
10 g	Olivenöl
	schwarzer Pfeffer aus der Mühle

Zubereitung:

1. Die Schalotten und den Knoblauch mit dem Honig und Senf verrühren. Den Himbeeressig und das Olivenöl beifügen, mit Pfeffer, Meersalz und Currypulver würzen.
2. Die Paprikaschote waschen, halbieren, Strunk entfernen, entkernen, in 5-mm-Würfel schneiden und in das Dressing geben.
3. Die Feigen waschen, putzen und in je 10 Spalten schneiden. Die Himbeeren waschen und trockentupfen.
4. Den Rucola putzen, waschen und abtropfen lassen.
5. Die Bratwürste in Olivenöl auf allen Seiten ca. 6 Min. braun anbraten.
6. Den Rucola mit etwas Dressing zubereiten und auf dem Teller anrichten. Die Würste aufschneiden und darauflegen. Die Feigen und die Himbeeren dazugeben und das restliche Dressing darübergeben.

Dazu servieren Sie am besten ein Olivenbaguette und eine erfrischende Kräuterlimonade.

South African Style

Süß-saure Perlen vom Kap der Guten Hoffnung

Zutaten (für 4 Personen):

125 g	Physalisperlen
50 g	gehackte Zwiebeln
10 g	gehackter Knoblauch
10 g	gehackter Ingwer
1 El	Kokosnussöl
100 ml	Brühe
300 ml	passierte Tomaten
1 Tl	Mondamin
50 ml	Rotwein
25 g	rote Currypaste
½ Tl	Meersalz
4 St.	Rinderbratwürste
1 El	Kokosnussöl
20 g	Oreganoblätter
	schwarzer Pfeffer aus der Mühle

Zubereitung:

1. Die Physalis waschen, absieben und trocken tupfen.
2. Die Zwiebeln, den Knoblauch und Ingwer in einem Topf mit dem Kokosnussöl anschwitzen. Mit Brühe ablöschen, die passierten Tomaten und Currypaste dazugeben.
3. Mondamin mit Rotwein vermischen und in die Soße rühren.
4. 5 Min. leicht kochen lassen und dann durch ein Sieb passieren. Mit schwarzem Pfeffer und Meersalz würzen.
5. Die Physalis in die Soße geben und 1 Min. köcheln lassen.
6. Die Würste auf allen Seiten etwa 6 Min. mit Kokosnussöl in einer Pfanne braun braten und dann in Scheiben schneiden.
7. Mit der Soße und den Physalis auf einem Teller anrichten und den Oregano darüberstreuen.

Dazu schmecken am besten ein geröstetes Bananen-Brot und ein Glas Pinotage.[28]

South Korean Style

Knoblauch-Kürbis im Land der Morgenstille

Zutaten (für 4 Personen):

1 kg	Hokkaido-Kürbis
12 St.	geschälte Knoblauchzehen
1 El	helles Sesamöl
50 ml	Reiswein
2 El	helle Sojasoße
100 ml	Brühe
20 g	rote Currypaste
1 El	Honig
200 ml	passierte Tomaten
1 Tl	Reismehl
50 ml	Reiswein
2 St.	Chilischoten in Streifen
1 El	helles Sesamöl
4 St.	Bratwürste
2 El	gehackter Koriander
10 g	Sesamkörner, geröstet

Zubereitung:

1. Den Kürbis halbieren, entkernen, schälen und in ca. 2-cm-Würfel schneiden.
2. Die Knoblauchzehen in einem Topf mit Sesamöl für 1 Min. anschwitzen und mit Reiswein ablöschen. Die Sojasoße, Brühe, rote Currypaste und den Honig dazugeben.
3. Die passierten Tomaten beifügen, das Reismehl mit Reiswein vermischen und darunterrühren. 10 Min. köcheln lassen.
4. Die Chilistreifen und Kürbiswürfel dazugeben und nochmals 3 Min. kochen lassen.
5. Die Bratwürste mit Sesamöl in einer Pfanne für 6 Min. auf beiden Seiten braun braten.
6. Den Koriander in die Soße geben.
7. Die Würste in Scheiben schneiden, mit der Knoblauch-Kürbis-Soße anrichten und mit den Sesamkörnern bestreuen.

Reichen Sie dazu Reiskräcker und einen Bori-Cha-Tee.[29]

Spanish Style

Serrano-Schinken – mediterrane Feinkost, tradicionalmente español

Zutaten (für 4 Personen):

4 Scheiben	Serrano-Schinken
1 St.	Zwiebel, gehackt
2 St.	Knoblauchzehen, gehackt
2 El	Olivenöl
1 St.	Chilischote
2 St.	Sternanis
20 g	rote Currypaste
100 ml	Rotwein
100 ml	Brühe
300 ml	passierte Tomaten
½ Tl	Meersalz
1 kl.	Bund Oregano
4 St.	Bratwürste mit Darm
10 g	Olivenöl
	Oregano-Blätter zum Garnieren
	schwarzer Pfeffer aus der Mühle

Zubereitung:

1. Die Serrano-Schinken-Scheiben auf ein Backpapier legen, im Ofen bei 180 °C 10 Min. backen.
2. Die Chilischoten waschen, putzen, entkernen und kleinschneiden.
3. Die Zwiebeln und den Knoblauch in Olivenöl anschwitzen, Chili, Sternanis und Curry dazugeben.
4. Mit Rotwein und Brühe ablöschen und die passierten Tomaten dazugeben. 10 Min. kochen lassen und durch ein Sieb passieren.
5. Mit Meersalz und Pfeffer abschmecken. Oregano waschen, trockentupfen und abzupfen.
6. Die Bratwürste in Olivenöl auf allen Seiten ca. 6 Min. anbraten und in Scheiben schneiden.
7. Auf einem Teller mit der Soße anrichten, mit Oregano garnieren und den Schinken-Chip dazulegen.

Optimal ergänzt mit einem Olivenbrot und einem Glas Rioja.

Sri Lankan Style

Chili, Cashew und Chapati

Zutaten (für 4 Personen):

10 g	gehackter Knoblauch
20 ml	Cashewöl
400 ml	Kokosmilch
20 g	gelbe Currypaste
5 g	Kurkumapulver
¼ Tl	Zimtpulver
¼ Tl	Kreuzkümmel
40 g	Zwiebelscheiben vierteln
2 St.	Chili in Streifen
½ St.	Ananas in 2-cm-Stücken
2 El	gehackter Koriander
½ Tl	Meersalz
4 St.	Geflügelbratwürste
20 ml	Cashewöl
50 g	Cashewkerne
8 St.	Korianderblätter
	schwarzer Pfeffer aus der Mühle

Zubereitung:

1. Den Knoblauch in einem Topf mit dem Cashewöl anschwitzen und die Kokosmilch beifügen.
2. Die Currypaste, das Kurkumapulver, den Zimt und Kreuzkümmel dazugeben und für 5 Min. einkochen lassen.
3. Die Soße mit einem Stabmixer fein mixen.
4. Danach die Zwiebelscheiben und den Chili beifügen und nochmals 2 Min. leicht kochen lassen.
5. Die Ananasstücke trockentupfen, in der Soße erhitzen und den gehackten Koriander dazugeben.
6. Mit Meersalz und Pfeffer abschmecken.
7. Die Würste mit Cashewöl in einer Pfanne für 3 Min. braun braten, die Cashewkerne dazugeben und nochmals 2 Min. rösten.
8. Die Würste in Scheiben schneiden, mit der Ananas und der Soße anrichten. Die Cashewkerne beifügen und mit Koriander garnieren.

Perfekt serviert mit einem Chapati-Brot[30] und einem Assam-Tee.

Swiss Style

Exzellente Allianz – Gruyere-Käse und Roggen-Bürli

Zutaten (für 4 Personen):

2 St.	gehackte Knoblauchzehen
2 St.	gehackte Schalotten
20 ml	Walnussöl
200 ml	Rotwein
200 ml	passierte Tomaten
200 ml	Brühe
10 g	rotes Currypulver
½ Tl	Zimtpulver
1 El	rotes Johannisbeergelee
2 El	frische Oreganoblätter
½ Tl	Meersalz
1 kl.	Birne
4 St.	Bratwürste
120 g	Gruyere-Käse[31]
1 El	Walnussöl
40 g	Walnusskerne
	Oreganoblätter zum Garnieren
	schwarzer Pfeffer aus der Mühle

Zubereitung:

1. Den Knoblauch und die Schalotten mit Walnussöl anschwitzen. Mit Rotwein ablöschen, passierte Tomaten und Brühe dazugeben. Curry, Zimt, Johannisbeergelee, Oreganoblätter beifügen, 15 Min. einkochen lassen und mit schwarzem Pfeffer und Meersalz würzen.
2. Die Soße fein mixen und durch ein Sieb passieren. Die Birnen schälen, vierteln, entkernen und in der Soße kurz, etwa 3 Min., leicht köcheln lassen, bis sie weich sind.
3. Die Bratwürste in einer Pfanne mit Walnussöl auf allen Seiten ca. 5 Min. anbraten, die Walnusskerne dazugeben und nochmals alles ca. 1 Min. braun braten.
4. Die Würste danach mit Gruyere bei Oberhitze für ca. 3 Min. überbacken.
5. Mit den Birnenspalten und der Soße anrichten und mit Oregano und Walnusskernen garnieren.

Servieren Sie dazu am besten ein Roggen-Bürli[32] und eine kühle Himbeerlimonade.

Syrian Style

Bulgur – orientalische Spezialität mit frischer Minze

Zutaten (für 4 Personen):

120 g Bulgur[33]
60 g Frühlingszwiebeln
30 g Blattpetersilie
15 g Minze
4 St. Tomaten
3 St. Zitronen zu Saft
100 ml Olivenöl
150 g Kichererbsen, weichgekocht
1 El Tahini[34]
2 gehackte Knoblauchzehen
1 St. Chili
10 g gelbes Currypulver
½ Tl Kreuzkümmel
100 ml Wasser
4 St. Zitronen zu Saft
150 ml Olivenöl
1 Tl Meersalz
4 St. Geflügelbratwürste
1 El Olivenöl
schwarzer Pfeffer aus der Mühle

Zubereitung:

1. Den Bulgur gut waschen, in 250 ml kochendes gesalzenes Wasser geben und für 10 Min. quellen lassen.
2. Die Frühlingszwiebeln, Blattpetersilie und Minze hacken. Den Strunk der Tomaten entfernen, waschen, halbieren und entkernen. In ca. 1-cm-Würfel schneiden und mit dem Bulgur, den Kräutern, dem Zitronensaft und Olivenöl anmachen. Mit Meersalz und Pfeffer würzen.
3. Die Kichererbsen mit Tahini, Knoblauch, Chili, Curry, Kreuzkümmel, Wasser und Zitronensaft sehr fein mixen. Das Olivenöl daruntermixen, bis es fein und leicht cremig ist. Mit Meersalz und Pfeffer würzen. Fertig ist die Hummuscreme.
4. Die Geflügelbratwürste mit Olivenöl auf allen Seiten für 6 Min. anbraten und in Scheiben schneiden. Die Hummuscreme leicht erwärmen, mit dem Bulgursalat und den Geflügelbratwürsten anrichten.

Dazu passen am besten dünnes Fladenbrot und ein frischer Pfefferminztee.

Thai Style

Goldgelbe Mangowürfel in Thaicurry-Kokos-Soße

Zutaten (für 4 Personen):

30 g	Ingwer
2 St.	Knoblauchzehen
20 ml	Sonnenblumenöl
30 g	Rote Thaicurry-Paste
400 ml	Kokosmilch
100 g	Bohnen, in 3-cm-Stücke geschnitten
1 St.	rote Paprikaschote in 2-cm-Würfeln
1 kl.	Mango in 2-cm-Würfeln
20 ml	Sonnenblumenöl
4 St.	vegane Bratwürste
20 St.	Thai-Basilikum-Blätter

Zubereitung:

1. Den Ingwer und den Knoblauch schälen und fein hacken. In einem Topf mit dem Sonnenblumenöl kurz anschwitzen, die rote Thaicurry-Paste dazugeben und mit Kokosmilch ablöschen.
2. Die Soße verrühren und 5 Min. köcheln lassen, bis sie eine leichte Bindung bekommt. Die Bohnen beigeben und 2 Min. köcheln lassen. Dann die Paprikaschoten dazugeben und nochmal 2 Min. köcheln lassen.
3. Danach die Mango-Würfel beigeben und bei Bedarf nochmals mit Meersalz und schwarzem Pfeffer abschmecken.
4. Die veganen Bratwürste in einer Pfanne mit Sonnenblumenöl auf allen Seiten ca. 6 Min. anbraten. Danach in Scheiben schneiden, auf die Teller legen und die Soße beifügen.
5. Zum Servieren mit den Thai-Basilikum-Blättern garnieren.

Dazu schmecken hervorragend ein Limonen-Basmati-Reis und Granatapfelsaft.

Turkish Style

Geflügel mit Auberginen-Mousse in feiner Kreuzkümmel-Soße

Zutaten (für 4 Personen):

1 St.	Aubergine
2 St.	geschälte Knoblauchzehen
2 El	Tahina[35]
1 St.	Limone zu Saft
5 El	Olivenöl
1 St.	Chilischote
1 St.	rote Paprikaschote
60 g	gehackte Zwiebeln
10 g	gehackter Knoblauch
20 g	Olivenöl
200 ml	passierte Tomaten
400 ml	Brühe
20 g	rote Currypaste
1 Tl	Kreuzkümmel
1 Tl	Meersalz
1 kl.	Bund Blattpetersilie
4 St.	Geflügelbratwürste
30 g	Olivenöl
	schwarzer Pfeffer aus der Mühle

Zubereitung:

1. Die Aubergine waschen, halbieren, im Fruchtfleisch einritzen, Knoblauchzehen hineinstecken und im Ofen bei 180 °C 30 Min. backen. Danach auskühlen lassen und das Fruchtfleisch herausnehmen.
2. Das Fruchtfleisch fein mixen, Tahina, Limonensaft und Olivenöl daruntermixen und mit Meersalz und Pfeffer würzen. Die Blattpetersilie waschen, trockentupfen, ¾ davon fein hacken und beigeben.
3. Die Chilischote und die Paprikaschote waschen, putzen, halbieren, entkernen und grob in Stücke schneiden. Mit den Zwiebeln und dem Knoblauch in einem Topf mit Olivenöl kurz anschwitzen. Die passierten Tomaten und die Brühe dazugeben.
4. Mit Currypaste, Kreuzkümmel, Meersalz und Pfeffer würzen und für 20 Min. köcheln lassen. Danach fein mixen und durch ein Sieb passieren.
5. Die Geflügelbratwürste mit Olivenöl in einer Pfanne braun anbraten.
6. Die Würste in Scheiben schneiden, mit dem Auberginen-Mousse und der Soße anrichten. Mit der restlichen Blattpetersilie garnieren.

Perfekt kombiniert mit einem türkischen Fladenbrot und süßem Tee.

Ukrainian Style

Star der Speisepilze mit filigraner Dillverzierung

Zutaten (für 4 Personen):

50 g	Rosinen
200 g	Champignons
2 El	Sonnenblumenöl
50 g	gehackte Zwiebeln
10 g	gehackter Knoblauch
1 Tl	Paprikapulver
½ Tl	gemahlener Kümmel
15 g	rote Currypaste
200 ml	passierte Tomaten
100 ml	Brühe
100 ml	Kokosmilch
1 kl.	Bund Dill
½ Tl	Meersalz
4 St.	Bratwürste
1 El	Sonnenblumenöl
	schwarzer Pfeffer aus der Mühle

Reichen Sie dazu ein Pampushki-Brötchen[36] und ein Glas kühlen Kwas.[37]

Zubereitung:

1. Die Rosinen in Wasser für 3 Stunden einweichen. Die Champignons waschen, putzen, trockentupfen und je nach Größe halbieren.
2. Die Champignons mit Sonnenblumenöl ca. 2 Min. sautieren, herausnehmen und abtropfen lassen. Den Fond in die Soße geben.
3. Die Zwiebeln und den Knoblauch in den Topf geben und anschwitzen. Paprikapulver, Kümmel, die Currypaste und die passierten Tomaten, Brühe und die Kokosmilch dazugeben. Für 10 Min. kochen lassen und fein mixen. Die Rosinen abtropfen lassen, mit den Champignons in die Soße geben und kurz aufkochen lassen.
4. Den Dill waschen, abzupfen und ¾ davon fein hacken, in die Soße geben und mit Meersalz und Pfeffer würzen. Den Rest des Dills für Garnitur beiseitestellen.
5. Die Bratwürste mit Sonnenblumenöl für ca. 6 Min. auf allen Seiten anbraten, in Scheiben schneiden, mit der Soße anrichten und mit Dill garnieren.

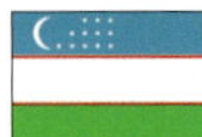

Uzbek Style

Süß-herbes Früchtchen im Sesam-Cape

Zutaten (für 4 Personen):

1 St. Quitte
1 St. Limone zu Saft
50 g gehackte Zwiebeln
10 g gehackter Knoblauch
2 El helles Sesamöl
1 St. Sternanis
3 St. Nelke
½ St. Zimtstange
2 Msp. geriebener Muskat
8 g Kurkumapulver
15 g gelbes Currypulver
1 El Honig
250 ml Brühe
250 ml passierte Tomaten
½ Tl Meersalz
2 St. Peperoni zu Streifen
20 g Ingwerstreifen
4 St. Geflügelbratwürste
10 ml helles Sesamöl
2 El gehackte Blattpetersilie
10 g geröstete Sesamkörner
schwarzer Pfeffer aus der Mühle

Zubereitung:

1. Die Quitte schälen, halbieren in Spalten schneiden und entkernen. Mit dem Saft der Limone einreiben und abdecken.
2. Die Zwiebeln und den Knoblauch in einem Topf mit Sesamöl anschwitzen. Sternanis, Nelken, Zimt, Muskat, Kurkumapulver, Currypulver und den Honig dazugeben.
3. Mit der Brühe ablöschen und die passierten Tomaten beifügen. Aufkochen lassen, die Quittenspalten beifügen und für ca. 30 Min. köcheln lassen, bis die Quittenspalten fast weich sind.
4. Die Quittenspalten herausnehmen und die Soße durch ein Sieb passieren. Peperoni und Ingwerstreifen beifügen und nochmals mit den Quitten für 3 Min. köcheln lassen.
5. Die Würste mit Sesamöl auf allen Seiten ca. 6 Min. braun braten und in Scheiben schneiden. Die Quittenspalten mit den Würsten anrichten, Petersilie in die Soße geben und die Sesamkörner darüberstreuen.

Vietnamese Style

Süße Mangowürfel in zitroniger Zimt-Anis-Ingwersoße

Zutaten (für 4 Personen):

40 g	Annatosamen[39]
60 ml	Sonnenblumenöl
80 g	gehackte Zwiebeln
20 g	gehackter Knoblauch
20 g	gehackter Ingwer
2 St.	Sternanis
1 St.	Zitronengras
1 St.	Zimtstange
1 St.	gehackte Chilischote
10 g	Currypulver
200 ml	passierte Tomaten
200 ml	Bier
200 ml	Fleischfond
½ Tl	Meersalz
120 g	Erbsen, frisch oder tiefgekühlt
120 g	Mangowürfel, 1 cm
4 St.	feine Bratwürste
10 ml	Sonnenblumenöl
	Pfefferminzblätter zum Garnieren
	schwarzer Pfeffer aus der Mühle

Zubereitung:

1. Die Annatosamen mit dem Sonnenblumenöl in einem Topf erhitzen, bis das Öl die Farbe annimmt. Das Öl in einen Topf absieben und die Kerne entsorgen.
2. In einem Topf Zwiebeln, Knoblauch und Ingwer mit dem Öl kurz anschwitzen, dann Sternanis, Zitronengras, Zimtstange, Chili und Curry beifügen.
3. Mit Bier und Fleischfond ablöschen und zur Hälfte einkochen. Dann die passierten Tomaten dazugeben, 20 Min. kochen lassen und durch ein Sieb passieren. Mit Meersalz und schwarzem Pfeffer abschmecken.
4. Die Erbsen beigeben und für 1 Min. köcheln lassen. Dann die Mangowürfel dazugeben und nochmals 1 Min. köcheln lassen.
5. Die feinen Bratwürste in einer Pfanne mit dem Sonnenblumenöl auf allen Seiten für 6 Min. braun anbraten und in Scheiben schneiden.
6. Mit der Soße auf einem Teller anrichten und mit den Pfefferminzblättern garnieren.

Mein Serviervorschlag dazu: Reiscracker und ein grüner Eistee.

Your Sweetheart

Zarter Himbeer-Mascarpone-Kuss

Zutaten (für 4 Personen):

350 g	Mascarpone
80 ml	Milch
1 Tl	Vanillezucker
60 g	Zucker
3 St.	Eiweiß
4 St.	Eiweißdarm
1 Tl	süßes Currypulver
250 ml	Joghurt 3,5%
1,5 El	Honig
100 g	Himbeeren
16 St.	Pfefferminzblätter
5 g	Kokosflocken
150 ml	Himbeersoße
3 g	Kakaopulver

Zubereitung:

1. Den Mascarpone mit Milch, Zucker und Vanillezucker glattrühren. Die Eiweiß zu Schnee schlagen, unter den Mascarpone heben und mit einem Spritzbeutel in den Eiweißdarm füllen oder mit Folie einrollen. In 4 Stücke binden, trennen und für 3 Stunden ins Gefrierfach legen.
2. Das Currypulver mit dem Joghurt und Honig verrühren und wieder kaltstellen.
3. Die Himbeeren und die Pfefferminzblätter waschen und trocken abtupfen.
4. Die Mascarponewürste schälen, Teller mit Kokosflocken in der Mitte bestreuen und die Mascarponewürste darauflegen. Mit einem kleinen Sieb Kakao darübergeben.
5. Die Joghurtsoße dazugeben und mit den Himbeeren und der Himbeersoße garnieren. Vor dem Servieren mit den Pfefferminzblättern verzieren.

Kokoskekse und ein aromatischer Espresso sind eine wunderbare Ergänzung.

Anmerkungen:

Seite 024 – Australian Style:

Seite 038 – Chinese Style:

[1] **Hoisin-Soße:** dickflüssige, dunkle, süßliche, kräftige Soße, die vor allem zu Fleischgerichten verwendet wird

Seite 040 – Croatian Style:

[2] **Lepinje:** unverzichtbares Fladenbrot der bosnischen Küche

Seite 042 – Cuban Style:

[3] **Okraschoten:** kalorienarme Gemüsepflanze, vor allem beliebt in asiatischen, arabischen und afrikanischen Ländern

Seite 052 – Hawaiian Style:

[4] **Blue Hawaii:** tropischer Cocktail (2,25 cl Wodka, 2,25 cl Rum, 1,5 cl Blue Curaçao, 9 cl Ananassaft, 1,5 cl Limettensaft, 1,5 cl Zuckersirup)

Seite 054 – Hungarian Style:

[5] **Pogatschen:** runde, salzige Gebäckstücke, verbreitet im Karpatenbecken, auf dem Balkan und in der Türkei

Seite 056 – Icelandic Style:

[6] **Brennivín:** Nationalgetränk Islands, klarer Schnaps, gebrannt aus britischem Korn und isländischem Vulkanwasser

Seite 058 – Indian Style:

[7] **Naan-Brot:** fladenartige Brotsorte, wird in Südasien, Zentralasien und im vorderen Orient häufig als Beilage zu heißen Speisen gegessen

Seite 060 – Indonesian Style:

[8] **Galgant:** zur Familie der Ingwergewächse gehörende Gewürz- und Heilpflanze

[9] **„Lahang"-Palmsaft:** traditionelles, süßes, kaltes Getränk aus West Java, Indonesien; wird aus dem Saft von Arenga pinnata (Zuckerpalme) hergestellt

Seite 062 – Irish Style:

[10] **Irish Scones:** typisch irische, saftig-fluffige Teebrötchen

Seite 064 – Israeli Style:

[11] **Matze-Brotfladen:** ungesäuerter, dünner Brotfladen aus Wasser und Getreide (Weizen, Roggen, Gerste, Hafer oder Dinkel), ohne Triebmittel gefertigt

Seite 066 – Italian Style:

[12] **Romanasalat:** auch Römersalat, etwas kräftiger als Kopfsalat

Seite 068 – Japanese Style:

[13] **Shiitake-Pilze:** jap.: „Pilz, der am Pasania-Baum wächst", auch Pasaniapilz genannt

[14] **Teriyaki-Soße:** Mischung aus Sojasoße, Mirin oder Sake mit weiteren Zutaten

[15] **Sake:** aus poliertem Reis gebrautes, klares oder weißlich-trübes alkoholisches Getränk

Seite 074 – Malaysian Style:

[16] **Kaki:** auch Kakipflaume oder Chinesische Quitte, süße, orangefarbene, äußerlich einer großen Tomate ähnelnde Frucht des Kakibaums

[17] **Kaffirlimette:** Zitrusgewächs aus dem tropischen Asien

[18] **Palmwein:** gegorener Palmensaft

Seite 076 – Mexican Style:

[19] **Jalapeño:** kleine bis mittelgroße scharfe Paprika

Seite 078 – Moroccan Style:

[20] **Radicchio:** leuchtend rot, gehört zu den bitteren Salatsorten

[21] **Harissa:** Würzpaste aus Chili, Knoblauch, Olivenöl und Gewürzen wie etwa Kreuzkümmel

[22] **Tahina:** mit Kreuzkümmel gewürzte Soße aus Sesampaste, Knoblauch und Zitronensaft

Seite 084 – Norwegian Style:
[23] **Aquavit (auch Akvavit):** alkoholischer, destillierter Auszug, in Norwegen im 16. Jahrhundert zum ersten Mal als gewürzter Branntwein schriftlich erwähnt

Seite 086 – Peruvian Style:
[24] **Tamarinden:** Früchte bzw. Hülsen des Tamarindenbaums, ugs. auch „Schoten" genannt

[25] **Chicha Morada:** typisches, alkoholfreies Getränk aus Peru, auf Basis von Purpurmais

Seite 088 – Polish Style:
[26] **„Polnische Rakete":** Cocktail (4 cl Wodka, 1 cl Himbeersirup, 8–10 Tropfen Tabasco)

Seite 090 – Russian Style:
[27] **Kalatsch:** älteste Weißbrotsorte Russlands

Seite 094 – South African Style:
[28] **Pinotage:** Rebsorte

Seite 096 – South Korean Style:
[29] **Bori-Cha-Tee:** aus gerösteten Gerstenkörnern zubereitetes, beliebtes Getränk in Ostasien

Seite 100 – Sri Lankan Style:
[30] **Chapati:** indisches Fladenbrot aus einer Vollkornmischung aus Gerste, Hirse und Weizen (Chapatimehl) hergestellt, ohne Fett in der Pfanne gebraten

Seite 102 – Swiss Style:
[31] **Gruyere-Käse:** halbharter bis harter Schweizer Hartkäse mit geschützter Ursprungsbezeichnung aus Rohmilch von Kühen

[32] **Bürli (kleines Bauernbrot):** aus Brotteig hergestelltes Kleingebäck aus Halbweiß- oder Weißmehl aus der Schweiz

Seite 104 – Syrian Style:
[33] **Bulgur:** vorgekochter Weizen

[34] **Tahini:** Paste aus fein gemahlenen Sesamkörnern

Seite 108 – Turkish Style:
[35] **Tahina:** mit Kreuzkümmel gewürzte Soße aus Sesampaste, Knoblauch und Zitronensaft

Seite 110 – Ukrainian Style:
[36] **Pampushki:** kleine Brötchen ukrainischer Art

[37] **Kwas:** durch Gärung aus Brot hergestellt

Seite 112 – Uzbek Style:
[38] **Non oder Nan:** traditionelles usbekisches Fladenbrot

Seite 114 – Vietnamese Style:
[39] **Annatosamen:** rötlich-gelbe Samen des Orleanstrauchs

Abkürzungen:

El = Esslöffel
g = Gramm
kl. = klein
Lt = Liter
Min. = Minute
Msp. = Messerspitze
Sek. = Sekunde
St. = Stück
Std. = Stunde
TK = tiefgekühlt
Tl = Teelöffel

Danke!

Ein ganz herzliches Dankeschön
an alle Berliner Multi-Kulti-Currywurst-Fans,
die dieses Projekt mit tollen Ideen und Anregungen
unterstützt und durch den globalen Gedanken
zum Erfolg beigetragen haben.

Viel Vergnügen und Freude
beim Nachkochen der Rezepte und
„Bon Appétit!"